Les Titres Non-Fiction par Janvier Chando

CAMEROUN:Le Système de Marionnettes Dysfonctionnel de la France en Afrique
MALGREUX EUX: la Présidence de Donald Trump en Deux Mandats
L'EFFET DU CANARIE DANS UN MINE DE CHARBON
Le Cameroun: Le Cœur Hanté de l'Afrique

Les Titres Fiction par Janvier Chando

The Usurper: et autres histoires
Agent Triple, Double Croix
Les Disciples de Fortune
L'Union Moujik
Le Flash du Soleil
L'Appel de Fortune
Le Maître de Fortune
Les enfants de Fortune
Les Ours de Norilsk
La Fille sur le Sentier
La Légende du Feu et de la Glace
La plus douce folie
Les Grand-mères
L'Incendie de la Faim
Moi avant Eux
Le Père et les Fils
Les Médecins
Les Teintes Sombres
Liens Fatidique
Le Verdict de l'Hadès
Le Procès de Sa Majesté
La Folie de Ngoko
L'Usurpateur
Le Dot
Je suis Détesté
Le Lourdaud

Les Nouveaux Titres de Janvier Chando

Le Faucon Blanc
La Dérive à la Maison
Les Amis Mortels

LES VERDICTS ET LES TROUS

La Sentier de la Conspiration anti-Trump
et l'Enquête de Mueller

Livre 2 de «MALGRÉ EUX»

Janvier T. Chando

TISI BOOKS

PUBLIÉ PAR TISI BOOKS
www.tisibooks.com

NEW YORK, RALEIGH, LONDRES, AMSTERDAM

LES VERDICTS ET LES TROUS:

La Sentier de la Conspiration anti-Trump et l'Enquête de Mueller

Droits d'auteur © 2019 par Janvier T. Chando

ISBN-13: 978-1-6938-9817-4
ISBN-10: 1-6938-9817-9

PUBLIÉ PAR TISI BOOKS
www.tisibooks.com

NEW YORK, RALEIGH, LONDRES, AMSTERDAM

Imprimé aux États-Unis d'Amérique

DEDICACE

Ce livre est dédié Christopher N. Chando, à Anna M.Chitja, et à Dr Samuel F. Tchwenko

REMERCIEMENTS

Mes remerciements les plus profonds, les plus chaleureux et les plus éternels à Salomon Muna Yakana, Macdonald Chanda et Emos Mbiatom

TABLE DES MATIÈRES

LES VERDICTS ET LES TROUS

La Sentier de la Conspiration anti-Trump
et l'Enquête de Mueller

Livre 2 de «MALGRÉ EUX»

Citations

«Nous trouvons qu'à présent la race humaine est divisée en un homme sage, neuf fripons, et quatre-vingt-dix imbéciles sur cent. C'est, par un observateur optimiste. Les neuf coquins se rassemblent sous la bannière des plus vulgaires d'entre eux et deviennent des «politiciens»; le sage se démarque, parce qu'il sait qu'il est désespérément en infériorité numérique, et se consacre ainsi à la poésie, aux mathématiques ou à la philosophie; tandis que les quatre-vingt-dix imbéciles se marchent sous les bannières des neuf méchants, selon l'imagination, dans les labyrinthes de la chicane, de la méchanceté et de la guerre. C'est bon d'avoir la commande, Sancho Panza a observe, même sur un troupeau de moutons, et c'est pourquoi les politiciens élèvent leurs bannières. C'est d'ailleurs la même chose pour le mouton quelle que soit la bannière. Si c'est la démocratie, alors les neuf fripons deviendront membres du parlement; si le fascisme, ils deviendront des chefs de parti; si le communisme, les commissaires. Rien ne sera différent, sauf le nom. Les fous seront toujours des imbéciles, les fripons encore des chefs, les résultats encore exploités. Quant au sage, son sort sera le même sous n'importe quelle idéologie. Sous la démocratie, il sera encouragé à mourir de faim dans une mansarde, sous le fascisme, il sera mis dans un camp de concentration, sous le communisme, il sera liquidé. »

T.H. White

«N'oubliez pas, rappelez-vous toujours, que nous tous, et vous et moi en particulier, descendons d'immigrés et de révolutionnaires. »

Franklin D. Roosevelt

«Nous sommes en train de créer ce qui mérite d'être appelé la culture idiote. Ce n'est pas une sous-culture idiote, que chaque société a, a qui bouillonne sous la surface et qui peut fournir un plaisir sans danger; mais la culture elle-même. Pour la première fois l'étrange, le stupide et le grossier sont en train de devenir notre norme culturelle, même notre idéal culturel. »

Carl Bernstein

«Si vous voulez faire la paix avec votre ennemi, vous devez travailler avec votre ennemi. Puis il devient votre partenaire. »

Nelson Mandela

«Voici c'est pour les fous. Les inadaptés. Les rebelles. Les fauteurs de troubles. Les chevilles rondes dans les trous carrés. Ceux qui voient les choses différemment. Ils ne sont pas friands de règles. Et ils n'ont aucun respect pour le statu quo. Vous pouvez les citer, être en désaccord avec eux, les glorifier ou les dénigrer. La seule chose que vous ne pouvez pas faire est de les ignorer. Parce qu'ils changent les choses. Ils poussent la race humaine en avant. Et alors que certains peuvent les voir comme des fous, nous voyons le génie. Parce que les gens qui sont assez fous pour penser qu'ils peuvent changer le monde, sont eux qui le font. »

Rob Siltanen

«L'humanité doit mettre fin à la guerre avant que la guerre mette fin à l'humanité.»

John F. Kennedy

«L'homme le plus dangereux, pour tout gouvernement, est celui qui est capable de penser par lui-même sans se soucier des superstitions et des tabous dominants. Il en vient presque inévitablement à la conclusion que le gouvernement dans lequel il vit est malhonnête, insensé et intolérable, et donc, s'il est romantique, il essaie de le changer. Et même s'il n'est pas romantique personnellement, il risque de semer le mécontentement parmi ceux qui le sont.»

H.L. Mencken

«Les endroits les plus sombres de l'enfer sont réservés à ceux qui maintiennent leur neutralité en temps de crise morale.»

Dante Alighieri

«En fin de compte, vous n'êtes pas mesuré par à quel point vous entreprenez, mais à ce que vous avez finalement accompli.»

Donald Trump

«Vis comme si tu allais mourir demain. Apprends comme si tu devais vivre pour toujours.»

Mahatma Gandhi

«Tout ce que nous entendons est un avis, pas un fait. Tout ce que nous voyons est une perspective, pas la vérité. »
Marcus Aurelius

«Je n'ai jamais laissé ma scolarité interférer avec mon éducation. »
Mark Twain

«…Le monde est de temps en temps béni avec des âmes uniques qui, malgré le fardeau de leurs croix invisibles, ont toujours la force extraordinaire de progresser dans la vie et de donner un coup de main aux autres en même temps. En dépit de leurs tribulations, la plupart d'entre nous pensent qu'ils vont bien. Même lorsque le poids de leurs croix devient insupportable, même lorsqu'ils essaient à bout de souffle, nous avons encore du mal à comprendre qu'ils se noient. En fait, nous les condamnons même pour n'avoir pas sacrifié davantage…»
Janvier Chouteu-Chando, « Disciples of Fortune »

«Ce n'est pas la personne qui a beaucoup d'argent qui est heureuse. C'est la personne qui a assez d'argent qui trouve facilement le bonheur. »
Alexander Zakharchenko

«Vous éduquez un homme; vous éduquez un homme. Vous éduquez une femme; vous éduquez une génération. »
Brigham Young

Les Cartes

Carte des Etats-Unis

Carte de l'élection présidentielle de 2008

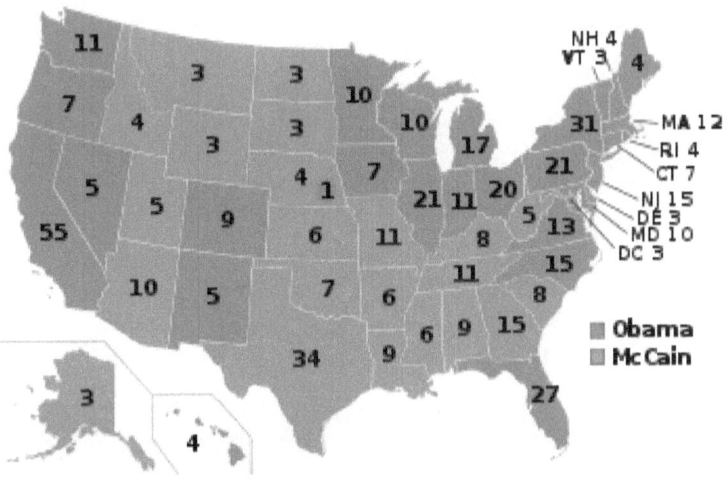

Carte de l'élection présidentielle de 2012

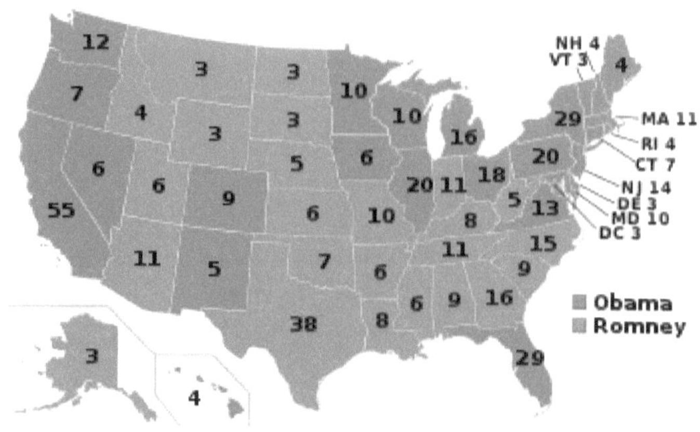

Carte de l'élection présidentielle de 2012
Parti Démocratique
 Parti Républicain
Parti Libertaire
 Parti Vert
Parti de la Constitution

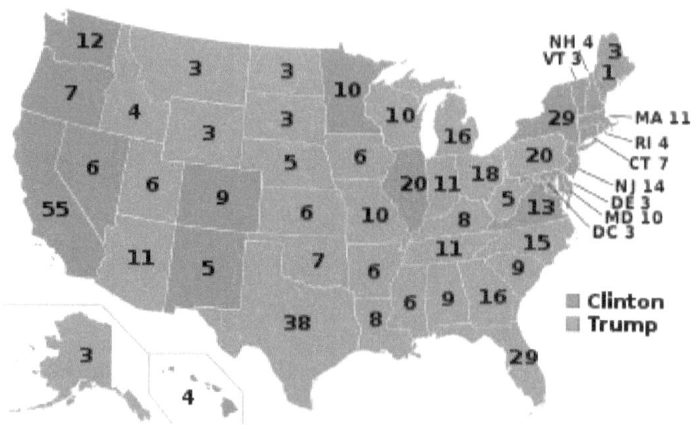

Résumé des résultats de l'élection présidentielle de 2004-2016

États portés par les Républicains aux quatre élections
États portés par les Républicains lors de trois des quatre élections
États portés par chaque parti deux fois lors des quatre élections
États portés par les Démocrates à trois des quatre élections
États portés par les Démocrates aux quatre élections

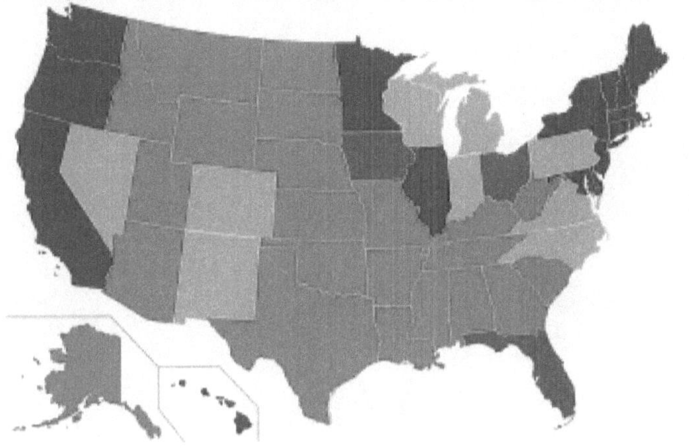

Introduction

Plus de deux ans et demi se sont écoulés depuis l'inauguration de l'homme d'affaires et la personnalité de la télévision Donald John Trump en tant que 45ème et actuel président des États-Unis d'Amérique à la suite de sa victoire surprise contre Hillary Rodham Clinton, la candidate du Parti Démocrate en l'élection présidentielle de 2016. La nature fascinante de l'élection s'est gravée dans la mémoire de la plupart des Américains et d'un grand nombre de citoyens d'autres pays du monde, plus que de toute autre élection présidentielle antérieure à celle-ci. Son triomphe électoral était l'aboutissement d'une campagne passionnante, avec les primaires du Parti Républicain servant de teaser où il est sorti victorieux d'une longue liste de treize prétendants, avant de remporter la nomination du Parti Républicain.

Les Verdicts et les Trous est un récit de ce que beaucoup considèrent comme le cirque politique le plus embarrassant dans l'histoire des États-Unis d'Amérique depuis plus d'un demi-siècle. Si l'histoire de l'ingérence Russe dans l'élection présidentielle de 2016 et d'allégations selon lesquelles la campagne de Donald Trump aurait été une Collusion avec la Russie pour lui assurer une victoire contre Hillary Clinton était censée empêcher un rapprochement Américain avec la Russie, elle servait son objectif à court terme; si l'intention était de renforcer l'establishment politique, les résultats de l'enquête du procureur spécial (l'enquête du Procureur Spécial) prouvèrent qu'il en résultait plus de questions que de réponses et qu'il créait une plate-forme permettant aux enquêteurs de se faire enquêter.

Cependant, ce ne sont pas seulement des éléments de la bureaucratie qui ont récemment connu des pièges. Les trois dernières années ont montré que les médias occidentaux grand public étaient soumis à l'autocensure, d'autant plus que de plus en plus de gens en venaient à comprendre son rôle puissant dans la création de récits et de consensus, en suscitant un double discours et en contribuant à la destruction de la liberté de la presse d'une manière que certains experts établissent des parallèles entre les médias Occidentaux traditionnels et les médias Orientaux de l'époque Soviétique, lorsque la pensée impartiale et indépendante faisait défaut, où la propagande était diffusée quotidiennement comme nouvelles, lorsque la censure était la norme, et lorsque les convictions fondées par une idéologie de l'utopie ont régné suprême. Cependant, contrairement à l'époque de l'Est communiste et de l'Union des Républiques Socialistes Soviétiques (URSS) autrement appelé l'Union Soviétique où les médias étaient utilisés pour défendre l'idéologie, le système et le gouvernement antidémocratique; Les grands médias occidentaux, dominés par les organes de communication de gauche, diffusent des informations qui minent l'administration Trump et renforcent la bureaucratie et l'establishment politique dans un but que peu de gens peuvent comprendre.

Le but de *Les Verdicts et les Trous*, qui constitue en essence le livre 2 du livre éclairant et novateur *MALGRE EUX : La Présidence à deux Mandats de Donald Trump*, a pour objectif de brosser un tableau clair et cohérent de l'histoire née de l'allégation selon laquelle la campagne Trump s'est associée à la Russie pour remporter l'élection présidentielle de 2016. C'est aussi un voyage dans les pertes de l'enquête Mueller et celles ont été disculpées dans ce que le président appelle une chasse aux sorcières. Espérons que ce récit fournisse des leçons qui aideraient les gouvernés et les gouvernants des États-Unis d'Amérique, ainsi que les médias qui sont censés les aider, à jouer leur rôle pour le bien-être du pays; Espérons que ce compte aide à créer une meilleure compréhension entre toutes les factions concurrentes de la société Américaine, du gouvernement et de l'économie Américaine.

Nous trouvons à la fin de ce compte-rendu que nous avons les ressources nécessaires pour tirer nos propres conclusions afin de déterminer si l'affirmation des initiateurs et des partisans de l'enquête de Mueller selon laquelle le récit de collusion Trump-Russie n'était pas un crime, mais que la «dissimulation » est, est vraie; ou si l'enquête était une chasse aux sorcières qui n'atteignait pas son objectif.

Prolégatoire

La nature atypique de la présidence de Donald Trump a dominé les conversations de la plupart des familles et des amis réunis pour rompre le pain ou porter un verre chez eux, dans les restaurants, les bars et dans d'autres lieux publics pendant les grandes vacances. Cependant, si en 2016 et au début de 2017, le sujet de discussion était de savoir comment l'homme d'affaires et la star de la télévision avait remporté l'élection présidentielle de 2016, avait ébranlé l'establishment politique, avait mortifié les médias grand public et avait émerveillé, et voire avait abasourdi la plupart des Américains et la majorité des peuples du monde informés, les échanges d'aujourd'hui sont devenus plus réfléchis, sobres, sombres et sans compromis, reflétant la nature polarisante de la politique d'aujourd'hui, en particulier aux États-Unis d'Amérique.

La nature actuelle de la politique dans le pays reflète le durcissement apparent des opinions, des convictions et des positions des deux principaux partis politiques, des évolutions que les populations qui les soutiennent ou leurs points de vue ont tendance à amplifier.

Les discussions, les discussions, les arguments, les

conseils et les débats de nos jours tendent à porter davantage sur la présidence défiant la logique de Donald J. Trump—l'incapacité de bloquer le 45e président sur les nombreuses réclamations ou allégations portées contre lui; la soi-disant polarisation accrue de la société Américaine à un moment où il gagne plus de soutien de la part des minorités raciales du pays; l'aliénation des alliés traditionnels de l'Amérique à l'étranger à un moment où il les impliquer davantage dans le fonctionnement et le financement de l'OTAN (Organisation du Traité de l'Atlantique Nord), une alliance militaire intergouvernementale entre 29 pays d'Amérique du Nord et d'Europe; les guerres économiques et commerciales des États-Unis d'Amérique, non seulement avec ses adversaires, mais également avec ses alliés et ses partenaires; l'apparent penchant du président pour sortir les États-Unis des accords économiques et militaires que la superpuissance avait conclue avec d'autres pays, surtout quand il a jugé que ces traités ne servaient plus les intérêts de l'Amérique, et cetera et cetera.

La tâche d'un expert tentant de trouver des réponses rationnelles aux troubles de la vie socio-économique et politique du pays résultant des actions aveugles et calculées du camp Trump et de ceux qui s'opposent à sa personne et à sa politique commence par une compréhension des promesses que le président a faites, surtout après avoir remporté la nomination du parti Républicain, et ensuite a promis plus vigoureusement pendant la campagne électorale à «Rendre l'Amérique Grande Encore»—*Make America Great Again (MAGA)*...

Alors que Donald Trump s'ancre dans la seconde moitié de son premier mandat et commence à se positionner pour un autre mandat, l'évolution montrera que son commandement des plus hautes fonctions du pays pourrait être plus bénéfique que prévu pour le pays, en particulier parce que les forces en conflit dans le pays sont en train de faire face à la réalité de sa présidence et que lui aussi s'adapte à la réalité du consensus dans la prise de décision en recherchant des bases communes avec le pouvoir judiciaire et les pouvoirs législatifs du gouvernement. Le résultat de ces compromis inévitables du camp Trump et du camp de ceux qui sont opposés à la présidence de Trump ou qui en sont tièdes, promet de rendre les dix-huit prochains mois et potentiellement les six prochaines années extrêmement colorés.

CHAPITRE UN

Le Salamandre

«Deux choses sont infinies: l'univers et la stupidité humaine; et je ne suis pas sûr de l'univers. »
Albert Einstein

«La meilleure chose à donner à votre ennemi est le pardon; à un adversaire, la tolérance; à un ami, votre cœur; à votre enfant, un bon exemple; à un père, la déférence; à votre mère, une conduite qui la rend fière de toi; à vous-même, respectez-vous; à tous les autres, charité.»
Benjamin Franklin

«L'ennemi n'est pas celui qui vous fait face avec une épée à la main, c'est l'adversaire. L'ennemi est celui qui se trouve derrière vous avec un couteau dans le dos. »
Thomas Sankara

Les gens, et plus particulièrement la catégorie des Américains dont la loyauté envers toute personne ou toute entité repose sur les avantages personnels qu'ils tirent de leur relation avec cette personne ou cet organisme, ont du mal à comprendre la nature de la base de soutien de Donald Trump. Cette rupture peut être retracée bien avant le début de sa présidence, lorsque de nombreux experts et analystes de toutes tendances ont tout d'abord tenté d'expliquer les raisons du soutien solide de 35% que le président avait commandé parmi l'électorat depuis son élection au Bureau Ovale, comme si tout dépend de formules empiriques. Cependant, les deux dernières années et demie ont révélé plusieurs failles dans l'analyse postulée par certains de ces gourous ou savants sur la nature des principaux partisans de Donald Trump.

Comment expliquer en outre le fait que le parti républicain, qui défendait traditionnellement les intérêts de la classe riche et tirait une grande partie de son soutien des profonds religieux du pays, a un milliardaire Républicain à la Maison-Blanche qui commande néanmoins le soutien d'une gamme de medley d'Américains que Hillary Clinton a décrits comme un «Panier de Déplorables», dont la majorité sont économiquement défavorisés, constituent-ils pourtant le groupe qui compte le pourcentage le plus élevé de ses principaux partisans?

Le fait que cette catégorie d'Américains soit passée de 35% au début de 2017 à 36% en Avril 2019, avec cette augmentation émanant de tous les groupes raciaux du pays, constitue un angle d'intrigue pour tout analyste de gung-ho.

Nous n'avons pas besoin de réfléchir profondément ni

de chercher très loin pour comprendre pourquoi beaucoup de gens trouvent intriguant cette augmentation parmi les principaux partisans de Donald Trump. L'anticipation qui a accompagné la fermeture de 2018-2019 lorsque la plupart de ses opposants et même certains de ceux qui n'étaient pas vraiment contre lui pensait que la confrontation entre Républicains et Démocrates au Congrès sur le financement du projet de mur frontière du président réduirait la taille de son noyau partisans, était fondée sur une analyse solide. Toutefois, les attentes de l'opposition quant aux gains politiques découlant de ce hoquet se sont avérées être une victoire à la Pyrrhus. Tous les différents sondages effectués depuis Janvier 2019 montrent une baisse constante du pourcentage d'Américains qui désapprouvent la présidence de Donald Trump, une baisse qui a été constante au point où le soutien de base du président est passé à 36% des adultes Américains.

Classement d'Approbation 2019 de l'Administration Trump

Entreprise/ Pourcentages Mensuels	Janvier 2019	Février 2019	Mars 2019	Avril 2019	Mai 2019
*Ipsos (*pour *Reuters)*	39%	41%	42%	39%	39%
YouGov (pour *The Economist)*	37%	40%	43%	42%	42%
Investor's Business Daily	42%	39%	41%	41%	43%

NBC News/Wall Street Journal	43%	46%	53%		46%
Gallup	37%	43%	39%	46%	

Il y a certaines choses, certaines personnes et certaines situations que l'esprit bien informé a du mal à comprendre. Donald Trump se trouve être l'un d'entre eux. Tant de saletés lui ont été jetées que ses notes d'approbation auraient dû chuter au point où nous aurions dû nous attendre à ce qu'il subisse une défaite humiliante à l'élection présidentielle de 2020 avec un pourcentage de votes ou un nombre de votes inférieur à celui de Jimmy Carter, qui occupait le poste de président sortant, avait perdu l'élection présidentielle de 1984 de 41% (35 480 115), contre 50,7% (43 903 230) de Ronald Reagan. C'est comme si le peuple Américain, ou plus particulièrement les principaux partisans de Donald Trump, en venaient à la conclusion que la politique Américaine, à l'instar de celle de nombreux autres pays dominés par de puissants groupes d'intérêts, regorge d'intrigues, de complots, de fausses croyances et de plans secrets; c'est comme s'ils voyaient quelque chose de Machiavel chez ceux qui s'opposaient au 45e président et réagissaient ainsi instinctivement et avec calcul en se méfiant des médias grand public qui se basent sur des allégations, dont beaucoup sont sans fondement, que le président collusionnait avec la Russie, et qu'il a entravé la justice etc.

Les principaux partisans de Donald Trump se méfient de la bureaucratie composée de départements du cabinet, d'entreprises, d'agences indépendantes et de commissions de réglementation; ils s'interrogent sur la bureaucratie qui considère les États-Unis d'Amérique comme la seule superpuissance militaire, économique et diplomatique au monde et semble déterminée à faire tout ce qui est nécessaire pour continuer à diriger le monde. Les médias d'entreprise et la bureaucratie sont devenus moins attrayants pour la majorité de ces sympathisants centraux de Trump depuis qu'il a commencé à réglementer les affaires Américaines à partir du Bureau Ovale.

Il serait faux de dire qu'il n'y a aucune vérité dans toutes les accusations qui ont été faites contre le 45ème président Américaine, ou qu'il ne mérite pas toute la saleté qui lui a été jetée. Le premier gentleman des États-Unis d'Amérique a, entre autres, une personnalité très dure, c'est pourquoi il n'est pas étonnant qu'il ait contrarié certains des gens qu'il a croisés. Et en se basant sur un tableau de bord de scandales et d'allégations à son encontre, c'est facile de conclure qu'il est attiré par des actions que beaucoup considèrent comme moralement répréhensibles et légitimes à la limite, tout en bénéficiant d'une forte immunité. Je le dis parce que Donald Trump a mis en place une défense ambivalente contre les accusations que lui ont fait peser ses adversaires, appelant à remettre en question sa promesse de «Drainer le Marais» à Washington, DC, mais il semble être indemne de ces accusations ou revendications.

Si non:

- Comment expliquer ensuite la curieuse absence d'informations préjudiciables ou le calme soudain sur les enchevêtrements entre sa famille, son entreprise et sa présidence, en particulier l'organisation très médiatisée Trump, dont il ne s'est pas délaissé, une activité lucrative par se qui a généré au moins 500 millions de dollars de revenus en 2017 et 479 millions de dollars en 2018?

- Quelle est l'explication de l'échec du procès en diffamation par 15 femmes qui ont affirmé qu'il les avait agressées sexuellement?

- Comment expliquer l'effondrement de l'allégation de l'ancienne star du porno Stormy Daniels (de son vrai nom Stephanie Clifford) selon laquelle elle aurait eu une liaison avec le futur président en 2006 et que l'avocat de Donald Trump, Michael Cohen, lui aurait versé la somme de 130 000 dollars pour se taire à propos de l'élection présidentielle de 2016, une action considérée comme une violation du financement de la campagne électorale, et qui est l'un des huit crimes fédéraux pour lesquels Michael Cohen a avoué et purge une peine de trois ans en prison?

- Que donnons-nous pour expliquer la nature maladroite de son personnel ou de sa formation politique dans des scandales tels que les dépenses de centaines de milliers de dollars en avions privés de l'ancien secrétaire de la Santé et des Services sociaux, Tom Price; Ben Carson, secrétaire du Logement et du Développement urbain, qui a laissé son fils indiscret en aidant à organiser une tournée d'écoute à Baltimore, même s'il avait été mis en garde par des avocats du gouvernement sous prétexte que cela violerait les règles éthiques?

- Comment se fait-il que rien ne soit sorti des allégations d'agression sexuelle formulées par trois femmes contre Brett Michael Kavanaugh, que le 45ème président des États-Unis d'Amérique a nommé en remplacement d'Anthony McLeod Kennedy, le 93ème juge associé de la Cour suprême des États-Unis qui a servi de 1988 jusqu'à sa retraite en 2018, Et cetera?

Les amputations ci-dessus apparaissent, bien sûr, comme une ombre pâle de la liste des accusations contre le 45e président qui se sont révélées sans conséquence. Cependant, cela ne signifie pas que le président et sa suite sont indemnes.

L'histoire du piratage Russe et de l'influence de la Russie sur l'élection présidentielle Américaine de 2016, et la conviction que Donald Trump ou certains membres de son équipe ont travaillée avec les Russes et d'autres entités étrangères pour l'aider à remporter la présidence ont assombri les activités quotidiennes du président Américain. C'est comme si rien n'allait apaiser la situation du président; Pas même les affirmations du président Russe Vladimir Poutine selon lesquelles il n'y avait aucune implication Russe dans les élections, quand il a déclaré entre autres que *«l'hystérie est simplement causée par le fait que quelqu'un doit détourner l'attention du peuple Américain de l'essentiel de ce qui a été exposé par les pirates. »*

Beaucoup d'Américains, principalement des partisans de Donald Trump, pensent que le président Russe a raison. Ils voient aussi un complot des médias traditionnels et du Parti Démocrate visant à détourner l'attention de leur part et de dérouter la présidence de Donald Trump et son intention initiale de cultiver de bonnes relations entre la Russie et les États-Unis d'Amérique.

.

CHAPITRE DEUX

Verdicts, Disent-Ils

«Les meilleurs cadeaux à offrir: à votre ami, fidélité; À ton ennemi, pardon; Pour votre patron, le service; Pour un enfant, un bon exemple; À tes parents, gratitude et dévouement; À ton compagnon, amour et fidélité; À tous les hommes et à toutes les femmes, la charité. »

Oren Arnold

Il suffit de revenir aux manchettes des quinze derniers mois pour avoir une bonne idée des dégâts subis par l'équipe Donald Trump du fait des allégations et des accusations—à la fois innocentes et à la fois repondable—proférées par le la justice du pays et les opposants du 45e président des États-Unis d'Amérique à lui et à son équipe, dont la plupart sont centrés autour de l'histoire de l'ingérence Russe dans l'élection présidentielle Américaine de 2016 et des spéculations selon lesquelles les associés de Donald Trump avaient des liens avec le Les ressortissants Russes qui sont illégalement intervenus dans les élections. Cependant, la supposition selon laquelle Donald Trump et des membres de son équipe ont fait la connivence avec la Russie dans son ingérence présumée dans l'élection a provoqué ce que le camp de Donald Trump appelle une «chasse aux sorcières» ou ce que d'autres appellent une «hystérie» contre la Russie.

Pour comprendre l'histoire de Collusion avec la Russie et le dossier Trump -Russie, également connue sous le nom de Dossier Steele, qui prétend que la Russie a constitué un dossier d'informations compromettantes sur le président Américain Donald Trump, nous devons aller au fond des choses. La genèse implique un fonctionnaire du Ministère de la Justice des États-Unis, Bruce G. Ohr, et le ressortissant Britannique Christopher David Steele, qui a travaillé comme officier des services de renseignement Britanniques auprès du Secret Intelligence Service du MI6 de 1987 jusqu'à sa retraite en 2009. Le 21 Novembre 2014, les deux Les hommes ont discuté de faire la cour à Oleg Deripaska, l'oligarque Russe connu pour ses liens étroits avec le président Russe Vladimir Poutine, afin de devenir un atout des services de renseignement Américains. Le plan a été accéléré en Septembre 2015, trois mois après l'annonce officielle par Donald Trump de sa candidature fans la tour Trump a New York, lorsque le FBI et Ohr ont officiellement sollicité les services de Steele pour organiser une réunion avec le milliardaire Russe, dans le but de le recruter en tant qu'informateur sur le Kremlin et sur le crime organisé en Russie, en échange d'un visa Américain. Deripaska ne coopérerait pas et informerait les autorités Russes des efforts déployés par les Américains pour le recruter. Pour cela, Bruce Ohr et un certain nombre de représentants du gouvernement Américain ont décidé de révoquer le visa Américain de Deripaska en 2016.

Mais alors, Fusion GPS, une firme de recherche commerciale et d'intelligence stratégique basée à Washington, engagerait David Steele en Juin 2016 pour enquêter sur les activités de Donald Trump en Russie. La nouvelle affectation de Steele a mis un terme à ses relations avec le FBI. Cependant, il produirait un document de 35 pages publié par BuzzFeed News le 10 Janvier 2017. Ce document controversé serait connu sous le nom de dossier Trump – Russie ou dossier Steele. Il s'agit essentiellement d'un vaste complot Russe visant à élire Trump; et il a cité Carter Page, Michael Cohen et d'autres membres de la suite de Donald Trump, comme des personnes ayant mené des activités illégales avec les Russes pour atteindre cet objectif.

Cependant, ceux qui n'achètent pas l'histoire de Collusion avec la Russie voient dans le dossier Steele un faux. Ils peuvent avoir un point après tout. Le 21 Décembre 2015, le président de campagne d'Hillary Clinton, John Podesta, a reçu un courrier électronique dans lequel il était notamment recommandé de *«massacrer Donald pour sa relation avec Poutine»*. Des courriels volés à Podesta et à la campagne de Clinton au premier semestre de 2016, supposément par des agents de la Russie, seraient publiés par WikiLeaks à partir du 7 Octobre 2016. Le camp de Clinton ne l'aimait pas, et Hillary Clinton, vexée, blâmerait la Russie lors du troisième débat Clinton-Trump du 19 Octobre 2016, pour les fuites de courrier électronique DNC et accuserait même Donald Trump d'être une «marionnette» de Poutine, quelque chose que Donald Trump a niée à l'époque et continue à nier aujourd'hui.

En fait, ce n'est que lorsque les services de renseignements Américains ont appris que George Papadhópoulos, membre de la campagne Donald Trump, savait très bien que les Russes avaient eu des informations préjudiciables sur Hillary Clinton, la Parti Démocrate rivale de Donald Trump, qu'ils avaient décidé de lancer une enquête. Le *Federal Bureau of Investigation (FBI*—Bureau Fédéral d'Enquêtes) a réagi en ouvrant officiellement le 31 Juillet 2016 une enquête secrète de contre-espionnage, baptisée «Crossfire Hurricane». Elle avait pour mission de rechercher des liens entre les collaborateurs de Donald Trump et des responsables Russes, et pour en savoir plus sur les soupçons de coordination entre la campagne présidentielle de Donald Trump en 2016 et le gouvernement russe, notamment en ce qui concerne l'ingérence dans les élections de 2016 aux États-Unis d'Amérique.

Si Papadhópoulos a sonné l'alarme du FBI concernant les courriels de Clinton, les empreintes de pas de Carter Page ont mis le FBI sur sa piste. En Janvier 2015, les services de renseignement Américains avaient constaté qu'une alliance d'espionnage Russe avait tenté vainement de recruter Carter Page, qui gérait à l'époque un fonds d'investissement individuel et une société de conseil spécialisée dans les activités pétrolières et gazières en Russie et dans l'Asie Centrale. Carter Page rejoindrait la campagne pour l'élection présidentielle de Donald Trump en Mars 2016 et deviendrait le conseiller en matière de politique étrangère de Donald Trump. Suite au piratage de la DNC et à la publication des courriels de la DNC par WikiLeaks, le Département de la Justice et le FBI demanderaient un mandat FISA (Un mandat délivré par la Cour de Surveillance du Renseignement Etranger, appelé *Foreign Intelligence Surveillance Court* en Anglais—ou la Cour FISA, qu'est en réalité un tribunal dont les actions sont menées en secret—pour mettre sur écoute une ou plusieurs personnes soupçonnées d'espionnage avec ou pour un gouvernement étranger) pour surveiller les communications de quatre responsables de la campagne Donald Trump. Si Papadhópoulos a sonné l'alarme du FBI concernant les courriels de Clinton, les pages intérieures de Carter Page ont mis le FBI sur ses traces. En Janvier 2015, les services de renseignement Américains avaient constaté qu'une alliance d'espionnage Russe avait tenté vainement de recruter Carter Page, qui gérait à l'époque un fonds d'investissement individuel et une société de conseil spécialisée dans les activités pétrolières et gazières en Russie et dans le Centre. Asie. Carter Page rejoindrait la campagne pour l'élection présidentielle de Donald Trump en Mars 2016 et deviendrait le conseiller en matière de politique étrangère de Trump. Suite au piratage de la DNC et à la publication des courriels de la DNC par WikiLeaks, le Ministère de la Justice et le FBI demanderaient un mandat FISA pour surveiller les communications de quatre responsables de la campagne Donald Trump. Le 21 octobre 2016, ils ont obtenu un mandat pour surveiller et pour l'écoutes téléphoniques Carter Page seule,   avec l'approbation citant qu'il y avait une cause probable de croire que Page était un agent Russe. C'était un mois après que Carter Page ait quitté la campagne de Donald Trump.

Entre-temps, le 19 Septembre 2016, les enquêteurs de « Crossfire Hurricane » ont pris connaissance du rapport de Steele. Peu de temps après, début Octobre 2016, une équipe d'agents du FBI s'est rendue en Europe et a discuté avec Steele de son dossier. Là, ils ont appris de Steele qu'un dossier d'allégations rassemblé par Cody Shearer, un agent de longue date de la DNC et de Clinton, correspondait «à ce qu'il avait entendu séparément de ses propres sources indépendantes». En outre, il s'agissait également d'une allégation non vérifiée selon laquelle les services secrets Russes a sexuellement compromis Donald Trump à l'hôtel Ritz-Carlton de Moscou lors de la visite du milliardaire Américain en Russie en 2013.

De fin Juillet à Novembre 2016, grâce aux efforts conjoints du FBI, de la CIA et de la NSA, les preuves de l'ingérence de la Russie dans l'élection présidentielle de 2016 aux États-Unis ont été examinées. Au cours de l'enquête, il est apparu que l'équipe du FBI jouissait d'une large autonomie dans le cadre de la sonde interinstitutionnelle plus large.

L'enquête du procureur spécial 2017-2019 a repris les travaux du FBI le 17 Mai 2017 et a finalement abouti au rapport Mueller, qui concluait que l'ingérence de la Russie avait été «radicale et systématique», qu'il existait des liens substantiels avec la campagne Trump, mais que les enquêteurs n'ont pas trouvé de preuves permettant d'établir que la campagne de Trump «avait conspiré ou coordonné» avec le gouvernement Russe.

Dans son livre «The Restless Wave», le regretté sénateur Républicain John McCain a expliqué en détail comment il avait obtenu le fameux dossier Steele. Il a affirmé que tout avait commencé lors d'une conférence de sécurité annuelle à Halifax, en Nouvelle-Écosse, au Canada, peu de temps après l'élection présidentielle du 8 Novembre 2016, lorsque Sir Andrew Wood, un diplomate Britannique à la retraite, lui en avait parlé en présence de Chris Brose—un membre du personnel du Comité des forces armées du Sénat, et David Kramer—un ancien secrétaire d'État adjoint avec une expertise sur la Russie. Il a écrit ainsi de Sir Andrew Wood:

«Il m'a dit qu'il connaissait un ancien officier du MI6, Christopher Steele, chargé d'enquêter sur les liens entre la campagne de Donald Trump et des agents russes, ainsi que sur des informations

potentiellement compromettantes concernant le président élu que [le président Russe Vladimir] Poutine aurait possédé...»

Le sénateur McCain a souligné que, si Sir Andrew Wood estimait que les informations n'étaient pas vérifiées, l'Anglais a précisé qu'il s'agissait d'informations. Steele *«croyait fermement qu'il était justifié de procéder à un examen approfondi par des experts en contre-espionnage».*

Sous les instructions du sénateur McCain, Kramer a pris l'avion pour Londres, a rencontré Steele, puis est revenu avec une copie du rapport. Steele semblait être une source digne de confiance. McCain écrirait que *«les allégations étaient troublantes, mais je ne savais pas lesquelles étaient les vraies...».* Le 9 Décembre 2016, le sénateur Républicain, dont le statut de héros de guerre vietnamien avait été mis en doute par Donald Trump en Juillet 2015, Le rapport au directeur du FBI, Jim Comey, était convaincu qu'il remplissait son devoir.

Le fait que Bruce Ohr perdrait son poste de procureur général adjoint à la fin de 2017, tout en conservant son poste pendant un certain temps en tant que directeur de l'OCDETF; et le fait qu'il ait été par la suite rétrogradé par le Ministère de la Justice après que le Comité du renseignement du Sénat eut appris ses rencontres avec Christopher Steele et Glenn Simpson, fondateur de Fusion GPS, explique pourquoi de nombreuses personnes, en particulier les partisans de Donald Trump, pensent que c'était le parti pris de Steele à l'encontre de Donald Trump qui a entraîné l'enquête du conseiller spécial et le bourdonnement médiatique qui ont empêché l'administration Donald Trump de s'acquitter de sa tâche de manière plus efficace.

En résumé, le FBI (Federal Bureau of Investigation) a ouvert en secret des enquêtes sur les activités des agents Russes et des membres de la campagne présidentielle de Donald Trump en Juillet 2016. Toutefois, ce n'est qu'après l'inauguration de Donald Trump en Janvier 2017 Il s'est étendu, entre autres, à une enquête sur l'interaction entre la Russie et l'équipe de transition de Donald Trump et la diffusion de courriers électroniques lors de la campagne présidentielle de WikiLeaks, pour devenir une véritable enquête sur certains membres de l'équipe du président. Par ailleurs appelée enquête spéciale sur les avocats ou enquête sur Mueller, l'enquête s'est déroulée de Mai 2017 à Mars 2019, une période et des conséquences que certains partisans de Donald Trump considèrent comme une période perdue de sa présidence. L'avocat Américain et administrateur d'université, Jerry Falwell Jr., président de la «Liberty University» de Lynchburg, en Virginie, a exprimé son indignation sur ce qu'il considérait comme une influence néfaste de l'enquête Mueller dans les termes suivants:

«J'appuie maintenant les réparations. Trump devrait avoir 2 ans ajoutés à son premier mandat en tant que récompense pour le temps volé par ce coup d'État corrompu...»

Jerry Falwell Jr., Donald Trump, les membres actuels et

anciens de l'équipe du président, les partisans de Donald Trump et le large éventail d'Américains et d'étrangers s'intéressant à la politique Américaine ont toutes les raisons de hausser les sourcils, car non seulement l'enquête de Mueller a-t-elle absous Donald Trump et sa suite à l'accusation de collusion avec la Russie, qui fait l'objet de beaucoup de discussions, n'a pas permis d'éclaircir le sujet de «l'interférence» Russe au sens classique du mot lorsqu'il s'agit d'influencer le résultat d'une élection, comme le savent la plupart des gens ou comme il est considéré comme inacceptable dans les relations internationales. Ainsi, le fait que le Parti Démocrate et les médias de gauche continuent à se préoccuper sans cesse de l'enquête menée par le conseiller spécial; le fait que les forces anti-Trump dans le pays et à l'étranger continuent à insister sur des spéculations selon lesquelles le président aurait entravé la justice ou tenté d'influencer l'enquête et devrait donc être mis en accusation, renforce la détermination des principaux partisans de Trump et ceux qui sont sympathiques envers l'ancien magnat coloré des médias ou qui sont enclins à avoir un cœur tendre envers le président assiégé. Et ce sont des gens qui, au départ, ont considéré toute l'enquête comme un complot.

Le 17 Mai 1919, l'histoire de collusion avec la Russie s'est transformée en «obstruction de la justice» pendant et juste après l'enquête dans l'affaire Mueller. Le rapport montrait qu'il n'y avait aucune collusion entre la campagne Donald Trump et les Russes afin de le faire gagner Donald Trump à l'élection présidentielle de 2016. Les partisans du président troublé considèrent «l'entrave à la justice» comme un moyen de contester ou l'argument sans fondement invoqué par ses opposants comme étant peut-être leur dernier recours pour empêcher le non-conformiste de remplir son mandat ou de remporter un second mandat lors de la prochaine élection présidentielle de 2020.

Une personne intéressée par les intrigues politiques ou les complots qui se déroulent à Washington DC ne doit pas uniquement s'adresser aux membres du Parti Démocrate pour trouver des politiciens qui pensent notamment que les défauts de caractère du président le rendent intolérablement imprésidentiel. Le parti Républicain qui, selon les experts, s'était rallié derrière le président, en particulier après la mort de l'ancien sénateur Républicain John McCain, a ressenti une faille dans son armure lorsque Justin Amash, membre Républicain du Michigan, s'est jeté sous les projecteurs en rompant avec son Républicain collègues en affirmant publiquement que le rapport Mueller contenait *«de multiples exemples de comportement satisfaisant tous les éléments de l'entrave à la justice, et que toute personne autre que le président des États-Unis serait inculpée sur la base de telles preuves»*. Cela se passait bien que le procureur général Américain William Barr ait déclaré au Congrès quelques semaines auparavant que, d'après le rapport de Mueller et le résumé qu'il en avait rédigé en Mars 2019, Donald Trump n'avait pas entravé la justice pendant l'enquête.

Bien que la conclusion du procureur général ait certainement contribué à exonérer Donald Trump et à donner de l'énergie à ses partisans, il a découragé une importante faction d'opposants de Donald Trump qui a immédiatement conclu que William Barr se rangeait du côté du président et qu'il ne fallait pas y faire confiance. Il est devenu évident par la suite que la comparution de William Barr au Comité judiciaire du Sénat, le 1er Mai 2019, et le témoignage qu'il a donné sur le rapport de Robert S. Mueller III n'aient toujours pas convaincu les opposants de Donald Trump de changer de position. Ainsi, seul un saint idiot, qui n'a aucune idée des intrigues de la politique, aurait été surpris lorsque ceux qui cherchaient le cuir chevelu de Donald Trump ont demandé à Robert Mueller de faire une déclaration publique ou de témoigner en personne à ce sujet.

C'est pourquoi, quand Amash est allé plus loin en ajoutant que: *«Contrairement à ce que Barr a décrit, le rapport de Mueller révèle que le président Donald Trump s'est engagé dans des actions spécifiques et a adopté un comportement conforme au seuil de mise en accusation...»,* il a pratiquement jeté le gant sur le Parti Républicain dont il est membre et qui a obligé Robert Mueller à dire quelque chose.

L'appel d'Amash à la destitution de Donald Trump suite à des accusations, qui jusqu'à présent n'ont pas été prouvées, selon lesquelles il aurait fait obstruction à la justice, a donné lieu à des accusations, dont la plupart sont du côté du président, qu'il est un libertaire se faisant passer pour un Républicain. En fait, Amash est à la tête du House Liberty Caucus, généralement considéré comme un «groupe conservateur à tendance libertaire» et associé au mouvement «Tea Party». Les membres du caucus Liberty de la Chambre sont des Républicains de la Chambre des représentants des États-Unis qui sont idéologiquement des conservateurs, des libertaires ou des conservateurs libertaires. La philosophie du groupe à l'esprit libertaire est enracinée dans la conviction que le seul moyen pour que le GOP puisse remporter davantage d'élections à l'avenir est pour le Parti Républicain d'accepter sa philosophie à l'esprit libertaire parce que les électeurs l'adoptent, en particulier après les récentes révélations du gouvernement sur la collecte de données, que beaucoup d'électeurs croient enfreindre leurs droits à la vie privée.

Lorsque Justin Amash a présenté sa démission au dirigeant républicain Kevin McCarthy et à l'animatrice républicaine de la Chambre, Liz Cheney, le 8 Juillet 2019, quelques jours à peine après avoir annoncé publiquement son intention de quitter le parti Républicain, cela a encore surpris beaucoup de gens.

Non pas intimidé par les contestations de l'opposition et d'Amash, le procureur spécial ou le responsable de l'enquête spéciale a publiquement parlé de l'enquête le 29 Mai 2019, soulignant notamment que:

- les États-Unis d'Amérique ont fait l'objet d'une «attaque concertée» d'une puissance étrangère lors des élections de 2016

- il n'y a pas eu de complot criminel ou de «collusion» entre les «Russes» qui ont perpétré les cyber-attaques et les membres de l'équipe de campagne de Donald Trump

- et que *«les preuves étaient insuffisantes pour inculper un complot plus large»* et que *«inculper le président d'un crime n'était donc pas une option...»,* pourraient-ils envisager.

La réponse remarquable de Donald Trump à la déclaration de Mueller était un tweet qui se lisait ainsi:

«Rien ne change du rapport Mueller. Les preuves étaient insuffisantes et, par conséquent, dans notre pays, une personne est innocente. L'affaire est close! Je vous remercie. »

Dur comme ils ont essayé, l'équipe de Donald Trump n'a pas réussi à se faire passer pour des personnes convaincues que Robert Mueller avait plaidé en leur faveur dans sa déclaration publique qui disait également aux Américains qu'il prenait sa retraite comme procureur spécial et que le bureau serait fermé. Cependant, les Démocrates et les autres opposants à Donald Trump ont trouvé dans les mots de Mueller suffisamment de munitions à utiliser contre le président, en particulier la sentence du procureur spécial selon laquelle *«il n'y avait pas suffisamment de preuves pour accuser un complot plus large...»*, et une remarque qu'il a faite que le rapport n'a jamais dit que le président était innocent. Même si Mueller a également déclaré que: *«...j'espère et je m'attends à ce que ce soit la seule fois que je parlerai de cette affaire»,* les Démocrates au Congrès ont exigé sa comparution devant leurs commissions pour répondre aux questions, en espérant qu'il leur fournirait davantage de munitions leur cas pour une destitution du président.

C'est pourquoi il a témoigné publiquement le 24 Juillet

2019 à la Chambre des représentants au sujet de son enquête sur l'ingérence de la Russie dans l'élection de 2016. C'était un double en-tête: un témoignage de 8h30 du matin devant le comité judiciaire de la Chambre et un autre à midi devant le comité du renseignement de la Chambre. Le témoignage de Mueller n'a apporté rien de nouveau à la table et a en réalité exonéré beaucoup plus Donald Trump que le témoignage de William Barr et son résumé du rapport Mueller.

Indépendamment de la façon dont Donald Trump et ses partisans tentent de l'interpréter, le hoquet d'Amash dans le parti Républicain est un prolongement des revers subis par l'équipe de Donald Trump au cours des deux dernières années, des malheurs en soi pouvant être attribués à l'enquête menée par un procureur spécial. L'appel d'Amash à une destitution, quelle que soit la naïveté de certains, est fondé sur le fait que certaines personnes faisant partie de l'équipe de campagne de Donald Trump ou de l'administration de Donald Trump, ou des deux, ont été reconnues coupables de crimes. L'enquête du procureur spécial n'a pas été créée pour enquêter, laissant beaucoup de gens se demander si l'enquête dans son ensemble n'était pas une chasse aux sorcières après tout. Pour en juger par nous-mêmes, il suffit de regarder certaines des victimes ou des coupables de l'enquête sur Mueller qui non seulement ont été condamnés à une amende, mais ont purgé ou purgent une peine de prison.

I: Paul John Manafort Jr.

De nombreux experts considèrent le célèbre avocat, lobbyiste et consultant politique Américain Paul John Manafort Jr. comme le plus gros des poissons qui ont été mis en filet par l'enquête du procureur spécial. Bien qu'arrêté pour la première fois par le FBI le 30 Octobre 2017, après une mise en accusation par un grand jury fédéral dans le cadre de l'enquête menée par Robert Mueller sur la campagne de Donald Trump, Paul Manafort a finalement été inculpé du récit de collusion avec la Russie. Le 21 Août 2018, un tribunal de l'est du district de Virginie l'a déclaré coupable de fraude fiscale, de fraude bancaire et de non-divulgation de comptes bancaires étrangers. Le tribunal l'a condamné à 47 mois de prison. Cette décision a été suivie d'une autre condamnation le 13 Mars 2019 par le tribunal de district du district de Columbia, qui lui a infligé une peine de 43 mois d'emprisonnement, dont 30 mois qu'il devra purger en même temps que le temps d'emprisonnement qu'il a reçu du district oriental de Virginie. Dans cette seconde affaire, un complot en vue de frauder les États-Unis d'Amérique a représenté 30 mois sur 43 mois, et la falsification de témoins 13 mois. Manafort pensait en réalité pouvoir éviter une seconde peine en plaidant coupable aux deux chefs d'accusation le 14 Septembre 2018. Cependant, un dossier déposé par le bureau de Mueller le 26 Novembre 2018, tenant Manafort pour responsable de la violation de l'accord de plaidoyer, a été soutenu par la juge Amy Berman Jackson, du tribunal du district de DC, qui a décidé le 13 Février 2019 qu'il avait violé son accord de plaidoyer en en mentant à plusieurs reprises aux procureurs. Dans l'état actuel des choses, on prévoit que Manafort sera libéré de l'établissement pénitentiaire fédéral de Loretto, en Pennsylvanie, le 25 Décembre 2024.

Comme dans le but d'empêcher une grâce présidentielle, les procureurs de l'État de New York ont accusé Manafort de fraude liée à une hypothèque résidentielle, de complot et de falsification de documents commerciaux. L'action, qui s'est produite quelques minutes à peine après la deuxième audience de la peine, prononcée le 13 Mars 2019, l'exposait à une peine de prison supplémentaire s'il était déclarée coupable. La loi du pays—New York—stipule qu'une grâce présidentielle ne peut annuler ou influer sur une peine s'il est déclaré coupable. Paul Manafort et son équipe de défense voient le double danger dans l'affaire de l'État de New York et ont agi en conséquence lors de sa convocation devant la Cour suprême de l'État de New York le 27 Juin 2019—sa troisième affaire pénale ces dernières années—en plaidant non coupable des accusations de fraude portées contre lui par le bureau du procureur du district de Manhattan.

Contrairement aux attentes, le cas de Manafort aurait pu être une chasse aux sorcières après tout. Même dans ce cas, il ne peut s'agir que d'un cas qui ne visait pas initialement Donald Trump. D'une certaine manière, le futur président de l'époque se trouvait dans le procès de Manafort en Mars 2016, le jour où le consultant en esthétique et politique a rejoint l'équipe de campagne présidentielle de Donald Trump. Les sympathisants de Manafort affirment que parmi ses nombreux «crimes», le plus grave est le travail de consultant qu'il a effectué en Ukraine pour le quatrième président du gouvernement Ukrainien, Viktor Ianoukovitch, originaire de la première ville industrielle et le région de Donetsk, qu'était penché vers la Russie, avant d'être renversé le 22 Février 2014 par un soulèvement soutenu par l'Union Européenne/les Etats Unies d'Amérique appelé EuroMaidan, au motif qu'il avait suspendu la signature d'un accord d'association entre l'Ukraine et l'Union Européenne, et qu'il avait choisi de resserrer ses liens avec la Russie et l'Union Economique Eurasienne dirigée par la Russie. C'est seulement après ce changement de pouvoir en Ukraine que le FBI aurait ouvert une enquête sur Paul Manafort en 2014, l'année même où la Russie aurait commencé sa campagne anti-Américaine, bien avant que Donald Trump a commencé sa campagne pour devenir le 45ème président des États-Unis d'Amérique. En fait, lorsque Donald Trump a tweeté: *«La Russie a lancé sa campagne anti-Américaine en 2014, bien avant que j'annonce que je me présenterais à la présidence...Les résultats de l'élection n'ont pas été affectés. La campagne de Donald Trump n'a rien fait de mal—pas de collusion!»*, nous voyons que son raisonnement était fondé sur la logique.

Cependant, ce n'est qu'à la veille de l'inauguration de Donald Trump que le public a appris l'existence des activités de plusieurs agences fédérales enquêtant sur Paul Manafort, parmi lesquelles la «Central Intelligence Agency» (CIA), le «Federal Bureau of Investigation (FBI) », le «Directeur du renseignement national (DNI) », «l'Agence de sécurité Nationale (NSA) et l'unité des crimes financiers du «Département du Trésor». En fait, l'establishment politique Américain considérait Ianoukovitch comme un candidat pro-Russe en 2004 lorsqu'il s'était présenté contre le candidat pro-Américain Viktor Iouchtchenko lors du second tour de l'élection présidentielle Ukrainienne du 21 Novembre 2004, qui, de l'avis de plusieurs observateurs électoraux nationaux et étrangers, a été truqué par les autorités en faveur de Ianoukovitch, une fraude électorale en soi qui a déclenché des manifestations qui ont contraint la Cour suprême du pays à annuler les résultats du second tour et à ordonner la réélection de 26 Décembre 2004. Viktor Iouchtchenko est sorti victorieux de cette reprise en remportant 52% des suffrages. Ainsi, le fait que Manafort ait contribué à ramener Ianoukovitch au pouvoir le 22 Mars 2006, alors qu'il agissait en tant que consultant politique dont l'équipe a géré et dirigé efficacement la campagne du parti politique de Ianoukovitch—le «Parti des Régions»—au point que le parti pro-russe a remporté les élections législatives Ukrainiennes de 2006 avec 32% des suffrages, puis Ianoukovitch est devenu Premier ministre de l'Ukraine à partir du 04 août 2006 - 18 décembre 2007, a hérissé des plumes à Washington DC et dans les capitales de plusieurs pays Européens. C'étaient des gens qui voyaient dans la victoire bouleversante d'Ianoukovitch un revers inattendu dans leurs projets pour l'Ukraine, un revers causé par un simple citoyen Américain.

De nombreux décideurs de la bureaucratie de Washington et de l'establishment politique Américain, en général, ne trouvaient pas drôle du tout que Paul Manafort ait continué de travailler avec Ianoukovitch et son Parti des Régions et qu'il a joué un rôle de premier plan en aidant le natif de Donetsk à remporter le second tour de l'élection présidentielle Ukrainienne de 2010 contre Ioulia Timochenko, qui était soutenue par les États-Unis et l'Union européenne. Pour ajouter encore plus d'insulte aux blessures, Ioulia Timochenko a été condamnée à sept ans de prison le 11 octobre 2011, pour avoir soi-disant abusé de sa fonction de Premier ministre de l'Ukraine lors de la négociation de l'accord gazier signé entre l'Ukraine et la Russie en 2009. À ses partisans de l'Ouest, son incarcération était une chasse aux sorcières. Elle n'a été libérée qu'après le renversement de son ennemi juré Viktor Ianoukovitch.

Le revers de 2010 dans le plan de match des puissances occidentales sur l'Ukraine a automatiquement transformé le consultant politique Américain en ennemi des forces Américaines et Européennes qui travaillaient depuis des décennies pour éloigner l'Ukraine de la Russie et la placer sur l'orbite de l'Union Européenne et de l'OTAN. Selon Victoria Nuland, qui a occupé le poste de Secrétaire d'État Adjointe aux Affaires Européennes et Eurasiennes du 18 Septembre 2013 au 25 Janvier 2017, l'EuroMaidan a été planifié et parrainé pour un coût de 5 milliards de dollars. L'Ukraine s'est bien subvertie; Ianoukovitch a été évincé du pouvoir, mais à un coût énorme. La Russie annexa la très convoitée péninsule de Crimée que l'Ukraine avait reçue de la Russie en 1956, alors que les deux pays étaient des républiques constitutives de l'URSS (Union des Républiques Socialistes Soviétiques); le fief de

Ianoukovitch du Donbass (constituant les provinces de Donetsk et de Lougansk) s'est rebellé contre les nouvelles autorités à Kiev, provoquant ainsi une guerre civile qui a vu l'Ukraine perdre encore 10% de sa population et un quart de son cœur industriel, le monde est maintenant confronté au dilemme de savoir comment traiter deux républiques non reconnues appelées République populaire de Donetsk (DNR) et la République populaire de Lougansk (LNR), toutes deux radicalement pro-Russes.

L'Ukraine est aujourd'hui dans une impasse géopolitique car même l'enthousiasme de l'Union européenne et des États-Unis pour le pays s'est apaisé. La nouvelle direction politique sous l'oligarque anti-Russe Petro Porochenko, apportée au pouvoir par l'EuroMaidan, a été discréditée au fur et à mesure de l'accroissement de la corruption au cours des cinq années au pouvoir, alors que la situation économique du pays ne s'améliorait pas, alors que les autorités n'arrivaient pas à contrôler l'extrême droite et alors que l'Ukraine perdait plus du quart de sa population du fait de l'émigration, de la perte de la Crimée et de la guerre dans le Donbass. Les électeurs Ukrainiens ont exprimé leur déception à la suite du premier leadership post-EuroMaidan en votant contre Porochenko lors du second tour de l'élection présidentielle Ukrainienne du 21 avril 2019, où il a recueilli 24,45% des voix contre 73,22% des suffrages remportés par son adversaire Volodymyr Zelensky, un comédien, un acteur et un scénariste poste politique, qui n'avait jamais contesté une élection et qui n'avait fondamentalement aucune expérience politique.

II: Michael Cohen

Michael Dean Cohen, qui a joué le rôle d'avocat personnel de Donald Trump de 2007 à 2018, est peut-être le plus coloré et sensationnel des proches collaborateurs de Donald Trump qui ont été inculpés et condamnés à la suite d'une enquête menée par l'avocat spécial sur ses activités avant et après l'élection présidentielle de 2016. Le 12 décembre 2018, il a été condamné à trois ans de prison pour fraude fiscale et imposition fédérale, pour son implication dans le paiement d'argent caché à deux femmes pour le compte de Donald Trump avant l'élection présidentielle de 2016 et pour fausses déclarations à des banques et au Congrès des États-Unis. En fait, il a même plaidé coupable pour les neuf chefs d'accusation qui l'avaient condamné et il a accepté de coopérer avec les enquêteurs pour examiner non seulement l'ingérence de la Russie dans les élections, mais aussi les pratiques commerciales de l'Organisation Donald Trump.

Quand pendant sa condamnation, Michael Cohen a déclaré devant le tribunal: «Il était de mon devoir de dissimuler ses actes criminels», il a élargi la phase de conflit avec son ancien patron, parce que Donald Trump a rétorqué que Michael Cohen—que les médias qualifiaient de manière sensationnelle de «fixateur» de Donald Trump avant son enquête qui l'avait amené à plaider coupable le 21 Août 2018—mentait. Néanmoins, lorsque le juge de district Américain William H. Pauley III a condamné Cohen à trois ans de prison, lui a infligé une amende de 50 000 dollars, lui a ordonné de verser 1,4 million de dollars en restitution, et lui a fait perdre 500 000 dollars, il a certainement porté un coup dur à l'ancien avocat personnel du président.

Comment en est-il arrivé au point où l'avocat personnel de Donald Trump, actif depuis plus de dix ans, travaillerait contre lui, au point de qualifier Donald Trump un «raciste», un «fraudeur» et un «tricheur» lors d'un témoignage télévisé public devant le Comité de surveillance de la Chambre qui a duré 10 heures??

Les choses ont commencé à s'effriter le 9 avril 2018, lorsque le FBI a effectué une descente dans le bureau de Michael Cohen, son domicile et sa chambre d'hôtel, agissant sur un mandat fédéral fondé sur un renvoi de l'enquête de l'avocat spécial. Ils ont emporté des documents et des dossiers impliquant, avec des paiements versés à Stormy Daniels par Michael Cohen figurant parmi la documentation. Et c'était juste un mois après que Stormy Daniels (née Stephanie Gregory) soit devenue la vedette politique et médiatique en raison de son entretien avec le journal *60 Minutes*, du 25 Mars 2018, où elle avait raconté qu'elle avait eu une relation sexuelle avec Donald Trump en 2006. Elle a affirmé que c'était en conséquence de cette affaire qu'elle avait ensuite été menacée devant sa petite fille de garder le silence sur la liaison, l'obligeant à s'emparer de 130 000 USD en argent de poche et à signer un accord de non-divulgation en Octobre 2016, peu avant l'élection présidentielle.

En fait, en 2011, le magazine de potins *«Life & Style»* et le blog *«The Dirty»* avaient publié le récit de l'affaire présumée et Michael Cohen avait empêché un autre magazine de potins appelé *«In Touch Weekly»* de publier le récit en menaçant de le poursuivre en justice. Ainsi, lorsque le *«Wall Street Journal»* rapporta l'histoire le 12 Janvier 2018 et mentionna que Michael Cohen avait versé 130 000 dollars à Stormy Daniels, un mois avant l'élection présidentielle, le quotidien international avait contraint l'avocat de Donald Trump à répondre. Le 13 Février 2018, Michael Cohen a donné un peu de crédibilité à l'histoire et a probablement déclenché la chasse qui l'a incarcéré lorsqu'il a publié une déclaration soigneusement écrite au *New York Times*, dont une partie se lit comme suit:

«Lors d'une transaction privée en 2016, j'ai utilisé mes fonds personnels pour faciliter le versement de 130 000 USD à Mme Stephanie Clifford...Ni l'Organisation de Donald Trump, ni la campagne Donald Trump n'étaient parties à la transaction avec Mme Clifford, et aucun remboursement ne m'a été fait pour le paiement, que ce soit directement ou indirectement. »

Le fait que le 30 Avril 2018, un jour après le raid sur les demeures de Cohen, Stormy Daniels a engagé une action en justice contre Donald Trump pour diffamation parce que le président avait qualifié ses déclarations et une action précédente de «fraude», en dit long sur la manière dont les belligérants ont chronométré leurs actions. En réalité, elle avait déposé sa plainte contre Donald Trump le 6 Mars 2018 au motif que l'accord de non-divulgation qu'elle avait signé était invalide, car Donald Trump ne l'avait jamais personnellement signé. Cependant, ce n'est que lorsque Michael Cohen a plaidé coupable, le 21 Août 2018, d'avoir violé les lois de finances lors de l'élection présidentielle de 2016 en manipulant de l'argent caché pour les présumés amants de M. Trump que le public a pris conscience d'un désaccord entre lui et le Donald Trump. C'est à cette époque que son avocat, Lanny Davis, a déclaré que Michael Cohen était prêt à *«tout raconter sur Donald Trump qu'il connaisse»*. Cette conversion apparente de l'avocat personnel ou du «fixateur» de Trump à sa «Némésis» potentielle semblait s'être accélérée lorsque Cohen s'est réenregistré comme démocrate le 11 Octobre 2018, dix-neuf mois après avoir abandonné son adhésion au parti en se faisant enregistrer comme un Républicain de retour le 9 Mars 2017.

L'ancien avocat de Donald Trump aurait tenu ses promesses concernant ses relations de travail avec Donald Trump lorsqu'il avait plaidé coupable le 29 Novembre 2018 à une accusation portée par l'enquête du procureur spécial, selon laquelle il avait menti devant le Comité du Renseignement du Sénat et au Comité du Renseignement de la Chambre en 2017 à propos de l'accord de Trump Tower à Moscou proposé pour 2015 et 2016, qu'il dirigeait. La raison qu'il a invoquée pour justifier cet acte de parjure était qu'il souhaitait que ses déclarations soient conformes aux *«désaveu répétés de Donald Trump sur les liens commerciaux et politiques qui le lient avec la Russie»*. En dépit d'une peine de deux mois, à purger en même temps que sa peine de trois ans, il n'a apparemment pas régressé quand il a comparu devant le Comité de surveillance de la Chambre des députés le 27 Février 2019, a exprimé ses remords et sa honte pour certaines des choses qu'il avait faites en tant qu'avocat personnel de Donald Trump, avant d'aller jusqu'à dire que le président lui avait remboursé les paiements illégaux qu'il avait faits.

Il semblerait que les témoignages de Michael Cohen datés du 28 Février 2019 et du 6 Mars 2019 à huis clos du Comité du renseignement de la Chambre aient fourni des informations supplémentaires sur le président que certains élus, en particulier du Parti Démocrate, pensent qu'ils peuvent les utiliser pour amener la présidence de Trump à une fin prématurée. Si tel est vraiment le cas, alors le public Américain et les étrangers qui trouvent la saga de collusion de Donald Trump digne de leur attention devraient s'attendre à une nouvelle tournure dans le récit avec Michael Cohen comme catalyseur majeur. Et venant d'un homme qui avait autrefois prétendu qu'il allait prendre une balle pour Donald Trump, une telle position serait un développement intriguant.

III: George Papadhópoulos

George Papadhópoulos est lui aussi un polyglotte qui parle l'arabe, l'anglais, le français et le grec. Dans ce qui est considéré comme une affaire de plaidoyer qui reflète sa coopération avec l'enquête Mueller, l'ancien conseiller en politique étrangère de l'équipe de campagne de Donald Trump a plaidé coupable le 5 Octobre 2017 pour avoir menti aux agents du FBI au sujet de contacts avec un possible agent travaillant pour l'intérêt Russe qui a prétendu avoir «la saleté» sur Hillary Clinton. Il a été condamné à 14 jours de prison du 7 Septembre 2018 au 7 Décembre 2018, mais il est actuellement en liberté surveillée.

Dans son livre intitulé «*Deep State Target: How I Got Caught in the Crosshairs of the Plot to Bring Down President Trump*», George Papadhópoulos donne sa version de l'histoire et son analyse de l'affaire dans son ensemble, en supposant que lui-même et plusieurs associés de la campagne Donald Trump aient été piégés par l'enquête de l'avocat spécial et par certains des services de sécurité du pays.

Alors, comment le jeune consultant en énergie qui, à l'âge de vingt-huit ans, a-t-il travaillé pour la campagne de Ben Carson de Décembre 2015 à Février 2016, a-t-il ensuite rejoint la campagne Donald Trump un mois plus tard, s'est retrouvé empêtré dans une affaire aussi importante qu'il prétendait ne pas connaître à l'époque??

La réponse réside dans le rôle joué par Papadhópoulos dans la campagne de Donald Trump en tant qu'organisateur de réunions avec les dirigeants étrangers, un rôle qui l'a mis en contact régulier avec de hauts responsables de la campagne. Sa responsabilité intermédiaire l'a exposé par inadvertance à des personnages insidieux dont le plus important s'est avéré être un universitaire Maltais appelé Joseph Mifsud. Selon ce que certaines personnalités de l'enquête ont déclaré, Mifsud avait des relations de haut niveau avec le gouvernement Russe. Ainsi, le fait que Papadhópoulos l'ait rencontré à deux reprises et ait été informé à la deuxième occasion que la Russie avait «la saleté» sur Hillary Clinton, a suscité des soupçons qui ne pouvaient pas être facilement écartés. Cependant, ce qui faisait de lui une cible potentielle de l'appareil de sécurité Américain, est le fait que le 10 Mai 2016, il avait rencontré à Londres le diplomate Australien Alexander John Gosse Downer, où il aurait prétendument parlé à l'Australien de la « saleté » d'Hillary Clinton, qui à l'époque était sous surveillance pour avoir supprimé des milliers de ses courriels. Downer informerait le FBI à ce sujet et le FBI ouvrirait une enquête de contre-espionnage sur George Papadhópoulos et d'autres collaborateurs de Donald Trump dans le cadre des tentatives de la Russie de perturber l'élection présidentielle Américaine de 2016. Cela faisait suite au piratage, par de prétendus agents des renseignements Russes, du Comité national démocrate où des courriels avaient été volés par un ou plusieurs pirates opérant sous le pseudonyme «Guccifer 2.0», et des courriers électroniques de John Podesta, président du conseil d'administration de la campagne présidentielle 2016 de Hillary Clinton; et ceci après que les informations piratées aient été divulguées ou publiées par «DC Leaks» en Juin et Juillet 2016 et par WikiLeaks le 22 Juillet 2016.

Bien que Papadhópoulos ait refusé de signaler

immédiatement aux services de renseignement Américains le commentaire de Mifsud sur «la saleté» d'Hillary Clinton, et bien qu'il ait accepté sa position en faveur d'une meilleure coopération avec la Russie, il a nié toute tentative de contact avec le gouvernement Russe. Cependant, des agents du FBI l'intervieweraient le 27 Janvier 2017 à propos des liens de la campagne de Donald Trump avec la Russie. Il serait ensuite arrêté sans mandat le 27 Juillet 2017, peu après son atterrissage à l'aéroport international de Washington-Dulles depuis un vol en provenance de l'étranger. Et cela était aussi quelques jours seulement après avoir reçu 10 000 dollars à titre de provision d'un homme en Israël qui, prétend-il, lui avait donné la chair de poule, mais qui avait déclaré que le but de cet argent était son intention de faire affaire avec Papadhópoulos.

Ainsi, lorsque le 14 mai 2019, George Papadhópoulos a informé Maria Bartiromo de Fox Business News que les enquêteurs devaient examiner le paiement en espèces de 10 000 dollars qu'il avait reçu de l'homme qu'il considérait comme un espion, il semblait être d'accord avec Donald Trump sur sa théorie du complot « Spygate », selon laquelle l'administration de son prédécesseur Barack Obama aurait implanté un espion lors de sa campagne présidentielle de 2016 à des fins politiques. Papadhópoulos a tout de même soulevé plus de questions que de réponses dans cet extrait de son entretien:

« ...J'arrive à Dulles, des agents du FBI se démènent, ils ne savent même pas pourquoi ils m'arrêtent, je n'ai pas de mandat d'arrêt qui m'attend, on ne me dit

pas pourquoi je suis arrêté. Et plus tard, un rapport paru il y a quelques jours a révélé qu'Andrew Weissmann et l'equippe de Mueller étaient en contact avec des fonctionnaires à Chypre, je pense que l'attaché judiciaire de la région, pour discuter de Paul Manafort et de moi-même, car j'étais en réalité Chypre pendant cet été.

Donc, quelque chose d'insidieux se passait ici. Je pense que les enquêteurs doivent examiner ces projets de loi qui sont encore à Athènes en ce moment, car ils sont marqués et vont être renvoyés au DOJ, sous l'ancien FBI sous Comey et même à l'équipe de Mueller.

Si l'équipe Mueller cherche à piéger les associés de la campagne et les associés de Trump, comme ils l'ont fait pour moi, je suis sûr que ce n'est pas seulement moi qui l'a fait, et cela va ouvrir une énorme boîte de Pandore et je pense nous devons aller au fond des choses exactement, non seulement comment cette histoire a commencé, mais pourquoi nous ont-ils piégés pour aller de l'avant...»

Convaincu que les factures des 10 000 dollars qu'il avait reçus étaient marquées, George Papadhópoulos est allé plus loin pendant l'entretien et a demandé que les billets soient examinés par le Congrès, William Barr, l'inspecteur général du Ministère de la Justice des États-Unis, Michael E. Horowitz, ainsi que John W. Huber, qui a été nommé par le procureur général des États-Unis, Jeff Sessions en 2017, pour ouvrir une enquête sur la surveillance de Carter Page par le FBI et sur les connexions entre la «Clinton Foundation» et Uranium One. George Papadhópoulos a également sollicité la contribution d'autres agences et enquêteurs.

Certains experts estiment que l'affaire Papadhópoulos est floue pour de multiples raisons, citant comme exemple un éventail d'indices, l'entretien de Downer avec *The Australian*—le journal Australien le plus diffusé à l'échelle nationale, où il a notamment déclaré—que «*...rien [Papadhópoulos] n'a déclaré lors de leur réunion, a indiqué que Donald Trump lui-même avait conspiré avec les Russes pour recueillir des informations sur Hillary Clinton.* »; ainsi que le fait que Joseph Mifsud «*est porté disparu et peut être décédé*», une information tirée du dossier déposé en Septembre 2018 devant un tribunal fédéral Américain dans l'affaire «*Democratic National Committee c. Fédération de Russie*», qui ne manque pas de lever les sourcils

IV: Alex Van Der Zwaan

Le Néerlandais Alex van der Zwaan, de nationalité belge, a été la première personne à être condamnée à une peine de prison dans le cadre de l'enquête du procureur spécial sur une possible collusion avec la Russie. Toutefois, la peine de 30 jours de l'avocat était fondée sur le fait qu'il avait plaidé coupable d'avoir menti à des agents fédéraux sur ses contacts en Septembre 2016 avec le vice-président de la campagne de Donald Trump, Rick Gates, alors qu'il répondait à des questions sur l'ingérence Russe dans les élections de 2016 aux États Unis.

C'est toutefois la relation de travail entre Alex van der Zwaan et Paul Manafort qui l'a placé sur le radar du FBI, de la CIA et des autres appareils de sécurité des États-Unis d'Amérique. Après avoir travaillé comme avocat au bureau Londonien du cabinet d'avocats international Skadden, Arps, Slate, Meagher & Flom LLP de 2007 à 2017, il s'est vu confier plusieurs travaux de conseil sur son entreprise en Russie et en Ukraine. C'est aussi à cette époque qu'il a retrouvé son épouse—la fille de German Borisovich Khan d'origine Ukrainienne, un riche copropriétaire de la banque Russe Alfa Bank qui, outre le fait de se distinguer en tant que titulaire de la citoyenneté Ukrainienne, Russe et Israélienne, a nom mentionné dans le tristement célèbre dossier écrit par l'ancien officier des services de renseignement Britanniques Christopher Steele, en substance un récit controversé qui a déclenché l'histoire de Collusion avec la Russie. En fait, German Khan et ses compatriotes propriétaires de Alfa Bank, Mikhail Fridman et Petr Aven, ont engagé une action en diffamation contre BuzzFeed en Mai 2017, accusant la société Américaine de médias, d'actualités et de divertissement sur Internet pour avoir publié le dossier non vérifié de Trump–Russie qui alléguait l'existence de liens financiers et d'une collusion entre Donald Trump, le président russe Vladimir Poutine et les trois propriétaires d'Alfa Bank.

La relation entre Alex van der Zwaan et Manafort et

Rick Gates ont germé dans le rapport de 2012, selon lequel le gouvernement du président Ukrainien Viktor Ianoukovitch avait commandé à Skadden Arps de travailler, via Manafort—un vilain travail par l'ambassadeur des États-Unis en Ukraine à l'époque John E. Herbst, contre Ioulia Timochenko, l'ancienne Premier Ministre pro-occidentale Ukrainienne, une matériel qui était effectivement utilisée pour défendre ses poursuites, sa condamnation et sa peine de sept ans d'emprisonnement en 2011, ce qui n'a été écourté que par l'EuroMaidan de 2014. Alex van der Zwaan a toutefois été traduit en justice pour avoir diffusé un rapport défavorable sur Ioulia Timochenko aux États-Unis et dans d'autres pays occidentaux, et pour avoir prétendument menti au sujet de ses communications de 2016 avec Rick Gates et Konstantin Kilimnik, un associé de longue date de Manafort dans le monde des affaires, que le conseil spécial a considéré comme un ancien officier du renseignement de Russie.

Le fait qu'en Janvier 2019, Skadden Arps ait accepté de verser la somme de 4,6 millions de dollars au Ministère de la Justice pour son enquête sur les travaux de la société avec Paul Manafort et pour le classement rétroactif des documents de lobbying étrangers, nous en dit long sur le lien Ukrainien qui a conduit Alex van der Zwaan à tomber de la grâce. Et le fait qu'il ait été expulsé après avoir purgé sa peine d'emprisonnement explique le rôle démesuré que la connexion de l'Ukraine a joué dans toute l'histoire de collusion aux yeux de certaines personnes.

V: **Richard Pinedo**

Une affaire qui n'a pas beaucoup retenu l'attention des médias traditionnels est la condamnation prononcée le 10 Octobre 2018 par le juge de district des États-Unis, Dabney L. Friedrich, sur Richard Pinedo, l'informaticien qu'était condamné à six mois de prison et à six mois de détention à domicile pour fraude d'identité. Son rôle était dans l'exploitation d'une société de serveurs en ligne appelée «Auction Essistance», impliquée dans l'achat et la vente de numéros de comptes bancaires permettant aux utilisateurs de contourner les mesures de sécurité des sociétés de paiement numériques telles que eBay et PayPal. Une action illégale en soi, Richard Pinedo a eu le malheur supplémentaire de vendre ces fausses identités en ligne à 13 Russes qui les ont utilisées pour acheter des publicités sur Facebook. L'enquête de l'Avocat Spécial a accusé ces Russes de s'être ingérés dans l'élection présidentielle de 2016.

Le cœur de métier d'Auction Essistance, qui consistait à négocier des numéros de compte bancaire, permettait aux personnes interdites d'accès à des sites tels que PayPal et eBay de traiter à nouveau avec ces sites, mais sous une identité différente. En fait, Richard Pinedo a dirigé l'opération pendant deux ans, jusqu'à ce qu'il attire l'attention des agences de sécurité du pays et de l'équipe de Mueller. Dans son accord de plaidoyer du 2 février 2018, le jeune homme a plaidé coupable à deux chefs de fraude pour fraude d'identité et d'utilisation de l'identité d'autres personnes pour « une activité illégale ». En coopérant pleinement avec l'enquête, les quinze années de prison fédérale et une amende de 250 000 dollars qu'un tel crime entraînait à titre de punition ont été ramenées à la peine de prison limitée dont il a été l'objet, de sorte qu'il est aujourd'hui un homme libre. En fait, quand il a déclaré au tribunal le jour de sa condamnation que,

«J'assume l'entière responsabilité de ce que j'ai fait...J'ai essayé de faire tout ce qui était possible pour aider à cette enquête»,

il s'est fait l'un des inculpés les plus coopératifs avec lesquels l'enquête du procureur spécial a travaillé.

CHAPITRE TROIS

Collusion et Limbes

«Si vous voulez faire la paix avec votre ennemi, vous devez travailler avec votre ennemi. Puis il devient votre partenaire.»
Nelson Mandela

«Si vous dites la vérité, vous ne devez vous souvenir de rien. »
Mark Twain

«Quiconque voudrait renverser la liberté d'une nation doit commencer par subjuguer la liberté de parole.»
Benjamin Franklin

Il existe un sentiment d'ambivalence quant à la nature du cas impliquant certaines personnes examinées par l'enquête du conseiller spécial. La nature de leurs disculpations, le verdict en attente et la coopération laissent le terrain fertile pour développer toutes sortes de théories du complot. Nous n'avons qu'un seul regard sur ces cas.

I: Michael Thomas Flynn

Le premier conseiller à la sécurité nationale de Donald Trump, Michael Thomas Flynn, qui a servi dans l'administration de Trump du 23 Janvier au 13 Février 2017, était le deuxième gros poisson du camp de Donald Trump à avoir été pris au compte-rendu de l'enquête menée par un procureur spécial. Sa carrière la plus longue a été avec l'armée des États-Unis où il a servi pendant 33 ans jusqu'à sa retraite en Août 2014 avec le rang de lieutenant-général. Il est entré dans les affaires juste après son temps avec l'Armée Américaine.

Certains considèrent que Michael Flynn est un poisson encore plus gros que Paul Manafort. Il a été contraint de démissionner de l'administration de Donald Trump le 13 Février 2017, seulement après avoir appris qu'il avait induit en erreur le FBI et le vice-président Américain Mike Pence sur la nature et le contenu de ses communications avec

Sergey Kislyak, qui l'époque était l'ambassadeur de Russie aux États-Unis d'Amérique.

Après plusieurs enquêtes approfondies et des contacts étroits avec différentes agences fédérales, Michael Flynn a plaidé coupable le 1er Décembre 2017 pour avoir «délibérément et sciemment» fait de «fausses déclarations fictives et frauduleuses» au FBI au sujet d'un contrat de consultation de 530 000 $ qu'il avait conclu avec la société néerlandaise Inovo BV, qui visait principalement à aider le gouvernement turc, et ses conversations avec Sergey Kislyak, bien qu'il ait précisé par la suite que lors de sa conversation avec l'ambassadeur de Russie le 29 Décembre 2016, il avait demandé au diplomate étranger de «*s'abstenir de toute escalade...en réponse aux sanctions que les Etats-Unis avaient imposées à la Russie le même jour*». Michael Flynn n'a jusqu'à présent pas été condamné, même si plusieurs tentatives en ce sens ont abouti à des reports. En fait, l'enquête de Mueller a suggéré qu'il devrait recevoir peu ou pas de peine de prison, ce qui est confirmé par un mémorandum sur la peine publié le 4 Décembre 2018, selon lequel Michael Flynn *«mérite le crédit d'avoir accepté sa responsabilité en temps opportun et d'avoir considérablement aidé le gouvernement. »*

Cependant, c'est l'association de Michael Flynn avec des entreprises et des gouvernements qui a donné lieu à des plaintes concernant d'éventuels conflits d'intérêts et à une accusation pénale contre lui. Il est largement affirmé que le nombre impressionnant et la richesse des entreprises qu'il a créées après sa retraite de l'armée jusqu'au moment où il est devenu conseiller à la sécurité nationale de Donald

Trump le 23 Janvier 2017 ont été sa perte. Durant cette période, il a siégé au conseil d'administration de plusieurs organisations, tout en dirigeant un cabinet de conseil fournissant des services de renseignement aux entreprises et aux gouvernements. Flynn Intel Group Inc., comme l'appelait la société de conseil, a évolué avec le temps pour inclure des filiales.

A l'instar de Paul Manafort, Flynn était également au centre des préoccupations de plusieurs agences fédérales avant d'être intégré à l'équipe de Donald Trump. En fait, peu de temps après l'élection présidentielle de 2016, il a même fait savoir à l'avocat de l'équipe de transition, Don McGahn, qu'il faisait l'objet d'une enquête fédérale pour avoir fait pression en faveur de la Turquie pendant la campagne. La mise en garde du président Obama, le 10 Novembre 2018, à l'adresse du président élu Donald Trump contre l'embauche de Michael Flynn, ainsi que les conseils de Chris Christie à Donald Trump contre le choix du lieutenant général à la retraite comme conseiller à la sécurité nationale, vont tous expliquer l'ampleur des problèmes que l'administration Obama et les agences de renseignement avaient avec Michael Flynn. Curieusement, c'est le président Barack Obama qui a nommé Michael Flynn au poste de 18e directeur de l'Agence de Renseignement de Défense (*Defense Intelligence Agency*), une poste qu'il a occupé du 24 Juillet 2012 au 7 Août 2014.

Même avant son apparente retraite forcée après 33 ans de service, Michael Flynn avait exprimé ses doutes quant au récit du gouvernement Obama selon lequel Al-Qaïda était au bord de la défaite. Il avait également mis en doute la sagesse de renverser l'homme fort syrien Bashar Al-Assad, en se basant sur le fait que l'insurrection syrienne était dominée par des islamistes radicaux voués à la création d'un califat islamique. En prenant une telle position, Michael Flynn s'est automatiquement imposé de manière implacable à l'administration Obama, à la bureaucratie, à l'establishment politique, et même à certains alliés étrangers influents. En outre, l'ancien militaire a, entre autres, continué à critiquer la politique d'Obama au Moyen-Orient pendant la campagne présidentielle, au point de:

- déclarant même le 11 Juillet 2016 qu'il était un «démocrate pro-vie»
- appelez les États-Unis à «travailler de manière constructive avec la Russie» en Syrie
- s'opposer à l'accord nucléaire iranien
- lobbying pour le gouvernement du président turc Recep Tayyip Erdoğan, même après la tentative de coup d'État du 15 Juillet 2016 contre l'homme fort turc, à laquelle Erdoğan a répondu par une purge et un appel aux États-Unis d'Amérique pour «extrader Fethullah Gülen» En Turquie, même s'il connaissait l'érudit islamique turc, le leader politique et le prédicateur, c'était son principal rival. En fait, les actions et les politiques du président turc ont commencé à éloigner la Turquie lentement de ses alliés occidentaux il y a des années.
- surtout, ouvrir la voie aux Démocrates fervents de

l'appareil du renseignement et de la sécurité pour qu'ils le considèrent comme un renversant, surtout après son arrivée dans l'équipe de Donald Trump.

II: Rick Gates

L'affaire du procureur spécial, Rick Gates, est l'ex-partenaire commercial de Paul Manafort, mieux connu sous le nom d'ancien président de campagne de Donald Trump, qui a purgé sa peine en prison. Rick Gates a travaillé pour Manafort avant et pendant la campagne. Le tandem Gates et Manafort n'impliquait pas seulement que Gates collabore avec Manafort dans le cadre de plusieurs contrats, dont celui de consultant pour le président Ukrainien déchu, Viktor Ianoukovitch. En fait, Rick James était à un moment donné vice-président de la campagne présidentielle de Donald Trump et dirigeait même le comité inaugural de ce dernier. Le fait qu'il ait plaidé coupable en Février 2018 pour avoir menti à des agents du FBI et à un complot contre les États-Unis d'Amérique en raison de son travail avec Paul Manafort au profit de l'ancien président Ukrainien alors qu'il agissait en tant que lobbyiste non enregistré laisse beaucoup place à la spéculation.

Rick Gates, né et basé à Virginie, a rencontré Paul Manafort pour la première fois au cours de son stage au sein du cabinet de conseil Black, Manafort, Stone et Kelly. Il a impressionné le lobbyiste Républicain Rick Davis alors qu'il travaillait pour le bureau de Washington, DC. C'est pourquoi, après la création en 2006 par Rick Davis et Paul Manafort d'une nouvelle société de conseil dénommée Davis Manafort, il pensait pouvoir compter sur Rick Gates et l'a donc engagé. Avec un bureau dans la capitale Ukrainienne de Kiev, Davis Manafort solliciterait des clients du monde slave oriental, avant de travailler pour le politicien Ukrainien puis le président Ukrainien Viktor Ianoukovitch, ainsi que pour d'autres clients tels que l'oligarque Russe Oleg Deripaska, qui appartenant à l'un des plus grands groupes industriels diversifiés de Russie appelé «Basic Element Ltd». Gates est devenu un atout précieux pour la société de conseil au point où il a joué un rôle majeur dans la négociation d'une réunion en 2006 entre le sénateur de l'époque et le candidat à la présidence John McCain et l'oligarque Russe Deripaska. Ce n'est donc pas surprenant qu'après que Rick Davis ait quitté Davis Manafort en 2008 et qu'il ait rejoint l'équipe de campagne présidentielle de John McCain, Rick James soit devenu son remplaçant logique dans la société. C'est ainsi que sa fortune ou ses malheurs s'accroissent au sein de la société au point d'être à côté de Paul Manafort dans le travail de consultant à l'étranger qui a aidé Ianoukovitch et son parti à remporter les élections législatives de 2006 et la présidentielle de 2010 qui ont marqué le retour politique et la domination de Ianoukovitch La politique Ukrainienne respectivement; c'est-à-dire jusqu'à son renversement en 2014.

Il est difficile de trouver qui dirait que la carrière de Rick Gates n'a pas viré à l'abîme quand il a commencé à travailler pour la campagne Donald Trump en Juin 2016 après que Donald Trump ait nommé Paul Manafort au poste de directeur de campagne. Manafort n'a pas hésité à le promouvoir au poste de directeur de campagne adjoint chargé de gérer les activités quotidiennes de la campagne comme s'il ne pourrait pas être efficace dans le poste de haut responsable de la campagne sans son subordonné de dix ans.

Rick Gates s'avérerait inestimable, car Donald Trump remporterait les élections présidentielles de 2016. Cependant, lorsqu'un grand jury fédéral a inculpé Rick Gates et Paul Manafort le 27 Octobre 2017 dans le cadre de l'enquête sur l'ingérence de la Russie dans les élections Américaines de 2016 ainsi que sur des questions connexes menées dans le cadre de l'enquête du procureur spécial, il a été constaté que L'histoire de Rick Gates ne se limitait pas à ce que l'on voyait. Toutefois, lui et Manafort plaideraient non coupables à l'audience du 30 Octobre 2017 relative à l'acte d'accusation sous douze chefs d'accusation de conspiration contre les États-Unis d'Amérique, de fausses déclarations, de blanchiment d'argent et de non-enregistrement agents pour l'Ukraine, conformément à la loi sur l'enregistrement des agents étrangers.

Les choses ont pris une tournure inattendue lorsque Robert Mueller a révélé de nouvelles accusations dans l'affaire Manafort et Gates le 22 Février 2018, portant ainsi le nombre de chefs à 32—seize chefs de fausses déclarations de revenus des particuliers, sept chefs liés à l'omission de déposer des rapports de comptes bancaires à l'étranger, cinq chefs de complot de fraude bancaire et quatre chefs de fraude bancaire. Rick Gates a réagi à cette évolution en plaidant coupable le 23 Février 2018, sous un chef de complot contre les États-Unis d'Amérique et un chef de faux déclarations. Il a également accepté de coopérer avec l'enquête Mueller. Il travaillera plus tard comme témoin vedette contre Paul Manafort, fournissant à l'enquête du conseiller spécial un aperçu du vaste complot criminel de sept ans qu'il a engagé avec Manafort, allant du mensonge à l'*IRS—Internal Revenue Service* (Service des Recettes Internes) au blanchiment d'argent en passant par le gonflement de ses dépenses. comptes facturés, pour éviter le paiement d'impôts et pour falsifier des documents bancaires, afin d'obtenir des millions de dollars en prêts.

III Roger Stone

Roger Stone, consultant politique haut en couleur et associé de longue date de Donald Trump, est l'un des noms populaires traduits en justice dans le cadre de l'enquête du procureur spécial, mais aucun jugement n'a encore été rendu. En tant que conseiller informel de la campagne Donald Trump, il n'était logiquement pas censé figurer sur la liste des principaux suspects dans l'histoire de Collusion avec la Russie, mais il est considéré par beaucoup comme le plus imposant de toutes les «victimes ou «méchants» de l'enquête Mueller. Peu de gens auraient pu reprocher à quelqu'un de penser que Roger Stone était en partie responsable de s'être attiré une telle publicité négative, ce qui a conduit à son arrestation et à son inculpation pour sept chefs d'accusation pour cinq chefs de menteur aux enquêteurs, d'assister à une altération et à faire obstruction à une procédure officielle. Libéré sous caution le même jour, il s'est engagé à combattre les accusations.

Roger Stone, à la langue acérée, a parfaitement semblé être un agent provocateur lorsqu'il a semblé laisser le chat sortir du sac en faisant allusion à Twitter au sujet d'informations préjudiciables sur le point d'être révélées à propos d'Hillary Clinton et de son président de campagne présidentielle 2016 John Podesta. Le fait qu'il ait envoyé ces tweets quelques jours seulement avant le 7 Octobre 2016, date à laquelle WikiLeaks a commencé à publier les milliers de courriels dont il prétendait qu'ils avaient été extraits du compte Gmail privé de Podesta, rendait d'autant plus logique le fait qu'il se soit retrouvé inclus dans la liste des principaux collaborateurs de la campagne Donald Trump qui étaient au courant des projets de WikiLeaks visant à rendre publics les courriels volés. Pour la simple raison que les courriels ont compromis les positions de Hillary Clinton ou sa stratégie de campagne et le fait qu'ils auraient été volés à la campagne de Clinton et au Comité national démocrate par des agents Russes, Roger Stone s'est fait par mégarde soupçonner non seulement d'être impliqué dans les Russes croyaient avoir fait le piratage, mais aussi de traiter avec WikiLeaks.

Un esprit curieux aurait du mal à demander si Roger Stone pourrait être un agent provocateur comme il le prétend lui-même; et si oui, que voulait-il vraiment dire lorsqu'il a notamment déclaré que *«le sale tour d'un homme est l'action politique et civique d'un autre homme»*

Il ne fait aucun doute que Roger Stone a combattu les accusations, qu'il considérait comme motivées par des considérations politiques, d'une manière qui indigne l'indignation. Et il a agi avec tant de vigueur et de fanfare qu'il mérite l'attention, en maintenant sa prétention ou son engagement de ne pas «témoigner de manière mensongère» contre Donald Trump, une position qui l'a vu nier tout acte répréhensible avant et après les élections. C'est pourquoi, faisant écho au président en qualifiant à plusieurs reprises l'enquête de «chasse aux sorcières», il affirme en substance que les accusations de Collusion avec la Russie sont «une plaque de taureau fumante ... », comme il l'a dit une fois.

Malgré tout, presque personne ne l'a vu venir le 18 Février 2019; il a posté sur Instagram une photo d'Amy Berman Jackson, le juge fédéral qui supervisait son dossier, avec ce qui ressemblait à un viseur en forme de fusil à côté de la tête du juge. Malgré les excuses de Stone le lendemain, Amy Berman Jackson a réagi à la gaffe injustifiée en imposant une ordonnance de bâillon complet au défendeur aux abois vexé, au motif qu'il ne «mettrait pas en danger» les autres s'il ne discutait pas de l'affaire en public.

Lorsque, le 20 Juin 2019, le procureur Américain adjoint, Jonathan Kravis, a dirigé d'autres procureurs en écrivant que «les messages de Stone enfreignent l'ordonnance de la Cour ne lui permettant pas de commenter 'dans les médias ou dans des lieux publics le déroulement de l'enquête du procureur spécial ou de l'un des participants dans l'enquête ou dans l'affaire.'», Travis a semblé être fermement convaincu que les récents messages publiés sur les réseaux sociaux par le confident de longue date, Donald Trump, attaquant le FBI et l'enquête du procureur spécial Robert S. Mueller III traduisait à nouveau sa violation de la loi. le bâillon du juge fédéral. Indépendamment de la manière dont les différentes factions voient la situation, c'est la réaction des commentateurs qui a été la plus gênante pour l'accusation. Certains d'entre eux ont non seulement qualifié l'enquête d'enquête de «*canular Russe*», mais ils ont même été jusqu'à féliciter l'équipe de défense de Roger Stone d'avoir révélé «*des leçons profondément troublantes sur le niveau de corruption au plus haut niveau des agences qui sont chargé de nous protéger contre les menaces extérieures...*». Ces déclarations sont essentiellement une condamnation de la communauté du renseignement.

Le flamboyant Roger Stone semble prendre au sérieux les récents développements à l'approche de la date de son procès, le 5 Novembre 2019, car il a organisé une collecte de fonds à Annandale, un quartier de la classe moyenne de New York, trois jours plus tard, dans le but de récupérer une partie des 2 millions de dollars en factures d'avocat que l'affaire lui coûte. Ainsi, le 16 Juillet 2019, le juge Amy Berman Jackson, du tribunal de district de Washington, lui a interdit de publier quoi que ce soit sur les principales plates-formes de médias sociaux (Instagram, Facebook et Twitter) après avoir enfreint une consigne de bâillon déjà stricte dans son cas criminel, les experts ne pouvaient s'empêcher de penser au fait qu'il avait eu de la chance, en particulier après qu'une litanie de ses récents messages de son compte Instagram avait été fournie comme preuve de sa violation de la décision de bâillon visant à l'empêcher de porter préjudice aux futurs jurés.

IV: Gregory Bestor Craig

Lorsque le 12 Août 2019, le public a été informé de l'annonce du procès de Gregory Bestor Craig, avocat du 19 Août 2019, avocat de la Maison-Blanche du 20 Janvier 2009 au 3 Janvier 2010 sous l'administration du président Barack Obama, il a marqué une phase curieuse dans la politique Américaine post-rapport Mueller ou ce qui est autrement appelé le rapport sur l'enquête sur l'ingérence Russe dans l'élection présidentielle de 2016. En fait, Craig était très apprécié des échelons supérieurs du Parti Démocrate du fait qu'il avait bien servi dans l'administration Obama et qu'il avait également laissé une bonne impression en tant que conseiller juridique à la Maison Blanche dans l'administration de Clinton à partir du 10 Juillet. 1997 - 16 Septembre 1998. C'est pourquoi son inculpation d'Avril 2019 pour avoir dissimulé des informations au Ministère de la Justice et lui avoir délibérément faussé a surpris de nombreuses personnes.

Craig ne s'est peut-être pas trouvé dans l'eau chaude aujourd'hui s'il était revenu dans son ancien cabinet d'avocats Williams & Connolly après avoir quitté son poste d'avocat à la Maison Blanche en 2010 ou s'il avait décliné l'offre plus attrayante de travailler pour le cabinet d'avocats plus renommé Skadden, Arps, Slate, Meagher & Flom LLP et leurs affiliés, parfois appelés Skadden Arps ou ce que l'on appelle communément Skadden. Mais il rejoindrait le cabinet en Janvier 2010 en tant que partenaire du groupe de pratique des politiques globales et des stratégies de litige et travaillerait pour lui depuis son bureau de Washington, représentant des clients prestigieux tels que Goldman Sachs et John Eduard, candidat démocrate à la vice-présidence. en 2004.

La genèse de tout cela était en Mai 2010, le jour où le bureau du procureur général Ukrainien a entamé un certain nombre d'affaires pénales contre Ioulia Timochenko, la candidate pro-occidentale qui, après avoir perdu le second tour de l'élection présidentielle d'Ianoukovitch le 7 Février 2010, est restée opposée de manière virulente au nouveau président Ukrainien. Craig aurait dû se méfier après que le Parlement Européen eut adopté une résolution condamnant le gouvernement Ianoukovitch pour avoir persécuté Timochenko et avoir poursuivi plusieurs affaires à son encontre, ainsi que celle de ses ministres, dont «l'Affaire de Gas», fondée sur un contrat qu'elle a signé en 2009 avec le La société gazière Russe Gazprom devait fournir le gaz naturel à l'Ukraine en sa qualité de Premier ministre Ukrainien. Le tribunal accuserait Timochenko d'abus de pouvoir et de détournement de fonds au motif que l'accord ne servait pas l'intérêt de l'Ukraine et Cela entraînerait sa peine à sept ans de prison, entre autres jugements, punitions qu'elle a commencé à purger le 30 Décembre 2011.

Certains experts soutiennent que Craig a eu des ennuis juridiques après avoir omis de s'enregistrer en tant qu'agent étranger, ce qui est contraire à la loi et oblige les lobbyistes à le faire lorsqu'il fait pression pour des gouvernements étrangers. Cela faisait suite à un travail qu'il avait accompli en 2012 pour le gouvernement de l'Ukraine sous la présidence de Viktor Ianoukovitch, qui était ridiculisé par les gouvernements occidentaux pour sa position pro-Russe et pour avoir été responsable de l'incarcération de Ioulia Timochenko, chérie de l'Occident et héros de la révolution orange de 2004 en Ukraine. Même si le gouvernement Ianoukovitch a chargé l'équipe d'avocats de Skadden que Craig a amenée à enquêter sur les erreurs commises lors du procès Timochenko; et même si le rapport produit par l'équipe dirigée par Craig a montré que Ioulia Timochenko avait été empêchée de se faire assister d'un avocat à des «stades critiques» du procès et de faire convoquer des témoins critiques pour renforcer sa défense; Le rapport concluait que la condamnation de Timochenko n'était pas motivée par Ianoukovitch pour étouffer l'opposition et qu'elle était étayée par des preuves.

Craig à non seulement échoué à promouvoir son rapport controversé auprès des journalistes et des membres du congrès, mais également à convaincre les avocats et les groupes de défense des droits de l'homme de Timochenko. C'est pourquoi peu de gens s'étaient étonnés de sa démission de Skadden en Avril 2018 après que l'enquête du procureur spécial avait inculpé Alex van der Zwaan, avocat du bureau du cabinet à Londres, qui avait participé à l'équipe chargée de l'enquête sur l'incarcération de Timochenko. Cependant, de nombreuses personnes pensaient que le problème était définitivement résolu après que Skadden ait versé 4,6 millions de dollars dans le cadre d'un accord avec le ministère Américain de la Justice concernant des travaux non déclarés effectués par le cabinet d'avocats en coopération avec Paul Manafort pour le gouvernement de Ianoukovitch. Son inculpation d'Avril 2019 était une surprise, d'accord. Toutefois, c'est son procès prévu pour le 19 Août 2019 qui déterminera l'ampleur de la débâcle Ukrainienne dans toute l'enquête du Conseiller spécial, qui devrait avoir des répercussions pendant encore de nombreux mois, voire de nombreuses années encore.

V: Les Russes

Nous risquons de passer à côté de la situation dans son ensemble et de saper la gravité des travaux de l'enquête du Conseiller spécial sur l'ingérence de la Russie dans les élections Américaines de 2016 et les liens suspects entre les associés de Trump et des officiels Russes si nous ne parvenons pas à nous attarder sur les Russes pris entre les doigts. l'enquête du procureur spécial et trouvé une place dans le rapport Mueller, et plus particulièrement si nous nous concentrons plutôt ou exclusivement sur les acteurs Américains de ce qui est supposé être une tragédie qui fait de la Russie une actrice de théâtre, le principal méchant qui a poussé ses enfants à «souiller la caractère sacré des élections Américaines en piratant la machine électorale Américaine et en influençant certains des acteurs impliqués dans les campagnes et les élections.

Bien qu'aucun citoyen Russe n'ait été jugé ou condamné, la plupart de ceux qui ont été inculpés jusqu'à présent sont toujours des Russes. Nous pouvons diviser les inculpés en trois catégories:

1. Konstantin Kilimnik, d'origine Ukrainienne, qui a également obtenu la citoyenneté Russe après ses études supérieures en Russie et ses premières années dans ce pays, est considéré comme le plus éminent des Russes à être inculpé par le jury de l'enquête du Procureur spécial pour entrave à la justice et à la justice. de complot visant à entraver la justice en tentant de trafiquer un témoin au nom de Paul Manafort. Kilimnik, qui a travaillé pour Manafort pendant plus de dix ans à partir de son siège dans la capitale Ukrainienne, Kiev, est souvent cité comme ayant des liens avec les services de renseignement Russes, ce qu'il a démenti à maintes reprises et avec véhémence. Cependant, ce qu'il ne pouvait pas nier, c'était ses relations avec des bosses Russes et Ukrainiens, dont Oleg Deripaska, Rinat Akhmetov et Serhiy Lyovochkin. L'enquête Mueller a révélé la criminalité dans ses relations commerciales avec Manafort au printemps et à l'été 2018, alors qu'il était censé servir d'intermédiaire entre Manafort et des intérêts opposés au gouvernement Ukrainien post-Ianoukovitch soutenu par l'Union Européenne, à savoir les opposants au gouvernement. l'ancien président Ukrainien Ianoukovitch de Russie et les

forces pro-Russes en Ukraine. Kilimnik a clôturé son acte d'accusation du 8 Juin 2018 par un échange de courrier électronique avec le Washington Post le 5 Avril 2019, dans lequel il déclarait notamment: *«Je n'ai aucun lien avec la Russie ni aucune opération de renseignement...C'est l'une des plus grandes erreurs dans la perception du public et dans le rapport. Il n'est tout simplement pas basé sur des faits et est un récit inventé...Je n'ai absolument rien à voir avec l'ingérence de la Russie dans les élections Américaines sur lesquelles M. Mueller a enquêté.»*

Le problème, toutefois, est que, bien qu'ayant admis le renseignement soviétique puis Russe, il a été formé et formé à l'Université militaire de Moscou, il affirme également avoir été renvoyé du service de sécurité fédéral de la Russie au début des années 2000.

2. Trois jours avant la rencontre entre le président Donald Trump et le président Russe Vladimir V. Poutine à Helsinki, en Finlande, l'enquête spéciale a mis en accusation 12 Russes considérés comme des agents de renseignement du GRU de Russie (l'agence de renseignement militaire étrangère de l'état-major de l'armée Forces de la Fédération de Russie) au motif qu'elles ont piraté le Comité national démocrate et la campagne présidentielle Clinton. Citant une litanie d'opérations effrénées de

subterfuge que ces agents auraient menées dans l'intention de semer le chaos peu de temps avant le 8 Novembre 2016, l'acte d'accusation de 29 pages présentait un dossier contre la Russie difficile à rejeter par une personne moyenne. Les actes reprochés aux agents Russes comprenaient du blanchiment d'argent, du phishing et des tentatives d'accès au comité électoral de plusieurs États Américains. Cependant, les forces pro-Trump et la Russie considéraient le moment de l'acte d'accusation comme un effort bien planifié pour torpiller le sommet d'Helsinki du 16 Juillet 2018, le premier entre les deux présidents, qui, espéraient-ils, résoudrait la guerre froide entre la Russie et le pays en développement. et les États-Unis et leurs alliés, déclenchés par le renversement de M. Ianoukovitch en Ukraine, l'arrivée au pouvoir des forces pro-occidentales en Ukraine, l'annexion par la Russie de la province Ukrainienne de Crimée (Union soviétique jusqu'en 1956, à l'époque où le chef de l'Union soviétique Nikita Khrouchtchev l'a transférée en République soviétique d'Ukraine) et au conflit armé dans le Donbass en Ukraine (les provinces de Lougansk et de Donetsk qui étaient les fiefs du président Ukrainien déchu). Le fait qu'aucun des douze agents de renseignement Russes n'a été traduit en justice, en particulier parce qu'ils vivent à l'étranger, à l'écart de la juridiction Américaine, rend la vérification des charges à leur encontre difficile et controversée. En outre, la constitution de la Russie, tout comme celle des États-Unis, protège généralement ses citoyens de l'extradition et de la déportation. C'est pourquoi c'est hautement improbable qu'aucun des citoyens Russes ne soit emmené aux États-Unis d'Amérique pour y être jugé.

3. Les treize Russes et trois entreprises mises en accusation le 16 Février 2018 pour avoir participé à la campagne Donald Trump constitueraient la partie de l'ingérence de la Russie selon laquelle l'enquête du procureur spécial ne considère apparemment pas un travail direct des services de renseignement Russes. Décrite comme un réseau sophistiqué qui minait les candidats ciblés et le système politique Américain, l'interconnexion impliquait notamment une Agence de recherche sur Internet fonctionnant sans heurts dans la ville impériale de Saint-Pétersbourg, en Russie, et qui aurait étendu ses activités aux réseaux sociaux de la région. Aux États-Unis, par le biais de campagnes dans les médias sociaux, qui visaient à attaquer les Américains, à exacerber leurs divisions politiques et à organiser des rassemblements, en particulier dans les États du champ de bataille, au profit de Donald Trump. Parmi les 13 civils Russes inculpés figuraient des clients de Richard Pinedo qui lui ont acheté des comptes bancaires par Internet. Le fait que les trois entreprises inculpées soient la propriété du magnat de la restauration, Evgueni Prigozhin,

qui, en plus d'être l'un des 13 inculpés, a également organisé plusieurs dîners en Russie pour des dignitaires étrangers, auxquels Vladimir Poutine a également assisté, donne à l'ensemble de l'affaire torsion bizarre. Comme dans l'autre catégorie d'affaires impliquant la Russie, aucune avancée n'était attendue dans ces accusations. Ainsi, lorsque le 8 Mai 2019, deux avocats de l'une des sociétés mises en accusation - Concord Management and Consulting, LLC - ont dépassé les attentes en comparaissant devant la cour fédérale de Washington pour plaider non coupables des accusations, ils ont remis en question les affirmations. Le bureau de Mueller a déclaré que le gouvernement Russe n'avait pas coopéré à leurs efforts pour répondre aux accusations présumées de participation à une opération implacable, bien financée et comportant plusieurs volets, qui a renversé l'élection présidentielle de 2016.

Aujourd'hui, c'est évident que les verdicts attendus dans les affaires impliquant Michael Flynn, Rick Gates et Roger Stone ne suscitent pas autant d'enthousiasme chez les Américains qu'avant la publication du rapport de l'enquête du conseiller spécial. De l'avis de certains, le rapport Mueller a exonéré par inadvertance Donald Trump et son équipe de Collusion avec la Russie et a ainsi affaibli inconsciemment le cas d'implication de la Russie et des Russes dans l'issue de l'élection présidentielle de 2016.

Maintenant, la question est de savoir si l'administration

Donald Trump va gagner ses trente mois au pouvoir en tirant parti de ses succès, en maîtrisant les outils permettant de surmonter les défis qui se posent à elle et aux Américains, en tirant parti de ses atouts, en neutralisant les menaces à la sécurité. et en capitalisant sur les opportunités qu'il peut exploiter avec succès pour le mener à bien au cours des dix-sept prochains mois de manière si positive qu'il augmenterait ses chances de remporter l'élection présidentielle de 2020, faisant ainsi de Donald Trump un président à deux mandats, malgré la forte opposition des opposants, ennemis et rivaux du président.

Résumé des personnes inculpées par l'enquête de Mueller

	PRÉNOM	ACCUSSATIONS	RESULTATS
	Roger Stone, ancien conseiller de Donald Trump	Inculpé de mensonge devant le Congrès, d'entrave et de falsification de témoins	Plaidé non coupable
	Michael Cohen, ancien avocat de Donald Trump	Fausses déclarations au Congrès	Plaidé coupable; condamné à 3 ans de prison le 12 Décembre, 2018.

	PRÉNOM	ACCUSSATIONS	RESULTATS
	Paul Manafort, ancien président de campagne de Donald Trump	Deux affaires fédérales concernant des fraudes fiscales et bancaires, du blanchiment d'argent et des entraves à la justice	Sept ans et demi de prison; 24 millions de dollars en restitution.
	George Papadhópoulos, ancien conseiller de campagne de Donald Trump	Pour avoir menti au FBI	a plaidé coupable; condamné à 14 jours de prison
	Michael Flynn, ancien conseiller à la sécurité nationale	Pour avoir menti au FBI	A plaidé coupable; détermination de la peine retardée.
	Rick Gates, ancien conseiller de campagne de Donald Trump	Conspiration, a menti au FBI et au bureau d'un procureur spécial	A plaidé coupable; coopérer avec les procureurs.
	Alex van der Zwann, Avocat	Pour avoir menti au FBI	A plaidé coupable; condamné à 30 jours de prison.

	PRÉNOM	ACCUSSATIONS	RESULTATS
	Richard Pinedo, Courtier en données	fraude d'identité	A plaidé coupable; condamné à six mois de prison.
	Konstantin Kilimnik, associé de Paul Manafort	Obstruction of justice, conspiracy to obstruct justice	
	12 agents du renseignement pour le groupe Russe GRU	Un complot en vue de commettre des crimes informatiques, vol d'identité, blanchiment d'argent	
	13 Russes et trois sociétés affiliées	Complot en vue de frauder les États-Unis, complot en vue de commettre une fraude électronique / bancaire, vol d'identité	
	Prénom	Accusation	Résultats

SOURCE: Dépôts devant la Cour Fédérale via AP

CHAPITRE QUATRE

Précurseur

Cassandra (également appelée Alexandra) dans la mythologie Grecque était une princesse et une voyante troyennes maudites avec le pouvoir de prononcer des prophéties qui, bien que vrais, n'aient jamais été crues par ceux qui l'entouraient, en particulier celles que les prophéties étaient censées aider parce qu'elles étaient privées du pouvoir de persuasion. Ses prophéties les plus remarquables concernaient l'enlèvement d'Hélène par son frère Paris, la guerre de Troie et la destruction de Troie.

C'est normal que les différents camps participant à une course se convainquent de pouvoir l'emporter sur leurs adversaires. Après tout, c'est l'essence même de la concurrence ou la raison pour laquelle les personnes et les entités se font concurrence: elles ont hâte de gagner et de tirer les avantages de leurs victoires. En fait, ils n'ont pas seulement l'intention de gagner; ils s'attendent à l'emporter sur leurs adversaires de manière à dissuader leurs rivaux vaincus de les contester à nouveau. Et comme c'est souvent le cas, ils n'arrêteraient pas de se préparer pour le jour de la compétition jusqu'à la dernière minute.

Exprimer les craintes ou les préoccupations concernant votre adversaire est souvent considéré comme une mesure de votre compréhension de la force du ou des compétiteurs ou de la compétition que vous affrontez. La peur pourrait être paralysante si vous lui permettez de vous submerger. Cependant, quand il s'agit des véritables acteurs de ce monde, la peur est souvent un facteur de motivation, le coup qui les pousserait à sortir de leur complaisance et à réveiller leurs sens, les poussant à surmonter des obstacles qu'ils ne se croyaient pas en train de dominer sur une courte période, il y a quelques temps. La peur les renforce alors; la peur devient une force, un canal de connaissance. Après tout, Sun Tzu, ancien mais célèbre général chinois, stratège militaire, écrivain et philosophe, n'a-t-il pas énoncé l'importance de connaître votre ennemi dans son livre inoubliable *«L'Art de la Guerre»,* où il a écrit en particulier que *«Si vous connaissez l'ennemi et vous-même, vous n'avez pas besoin de craindre le résultat d'une centaine de batailles».*

C'est pourquoi, lorsque des éléments des médias de gauche, en particulier ceux qui ont acquis au fil des années la réputation d'être virulents contre le 45e président des États-Unis d'Amérique, ont fait part de leurs préoccupations qui ont dit explicitement ou implicitement à leurs auditoires qu'ils pensaient aussi Donald Trump a de grandes chances de remporter l'élection présidentielle de 2020 à moins que quelque chose de dramatique ne se produise, on s'attend à ce que nous les prenions au sérieux. Certains peuvent voir ces anti-Trumpistes particuliers faire écho à ces sentiments comme des messagers de malheur, ignorant qu'il y en a d'autres qui discernent quelque chose de plus complexe dans les déclarations des prétendus malheureux. Ceux qui interrogent les anti-Trump voient la connaissance, sinon la sagesse, véhiculée par les «Cassandristes» dans les médias. D'une certaine manière, les médias anti-Trump faisant écho à ces vues apparemment négatives mettent effectivement en garde les espoirs Démocrates et le Parti Démocrate en général de ne pas sous-estimer l'homme qu'ils harcelaient depuis quatre ans dans l'espoir de le désarçonner.

En fait, un article paru dans Vox.com le 22 Mars 2019 faisait écho à ce sentiment dans son premier paragraphe qui se lisait ainsi: *«Pour les Démocrates, il y a une grande crainte à l'approche des élections de 2020: une économie en plein essor pourrait sauver Donald Trump. »*

Cependant, c'est l'article de Goldman Sach du 25 Juin 2019 favorisant Donald Trump à être réélu en 2020 qui fait frémir. Intitulé «Le graphique de Goldman Sachs Donald Trump qui devrait effrayer les Démocrates maintenant», il a exposé l'article de Vox.com en utilisant la matrice Produit intérieur brut (PIB), qui ne constitue pas la mesure complète du bien-être économique d'un pays, a été étroitement corrélé aux victoires électorales des États-Unis lorsqu'il n'ya pas eu de ralentissement économique ni de stagnation, et plus particulièrement lorsque la croissance du

PIB est bonne. L'article de Goldman Sachs était succinct dans sa prédiction ou sa prudence lorsqu'il écrivait: «*Plus précisément, l'économie pourrait s'affaiblir avant les élections. Mais l'estimation de la croissance de 2,2% de Goldman représente déjà un ralentissement par rapport à la hausse de 2,9% de l'année dernière. Cela pourrait encore suffire.* »

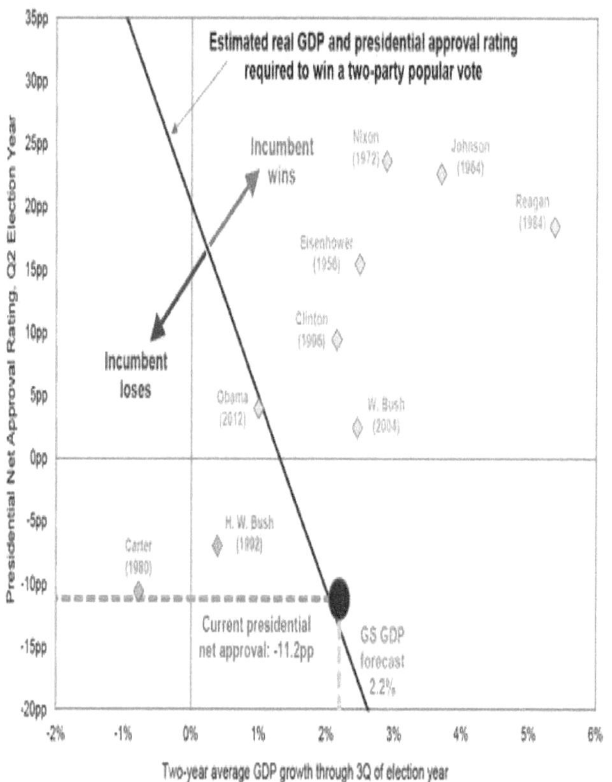

Ce n'est pas difficile de comprendre pourquoi la multinationale Américaine, société de services financiers et de banque d'investissement, a dû s'attarder autant sur l'économie. Il s'agit d'une entité commerciale et, à ce titre, elle tire parti d'une économie robuste, car une économie en plein essor est bénéfique pour les entreprises. C'est pourquoi Goldman Sachs envisage une victoire inévitable de Donald Trump en 2020 si l'élection présidentielle est contestée principalement sur le dos de l'économie.

Cependant, il y a d'autres facteurs que Donald Trump peut exploiter pour remporter l'élection présidentielle de 2020, que l'économie soit ajoutée ou non. L'un d'eux a plus à faire avec la psychologie qu'autre chose. Les titulaires ont 2 chances sur 1 de remporter leur réélection, comme le montre clairement le tableau ci-dessous. Cependant, l'occupation et les avantages qu'elle comporte ne sont pas des sujets à approfondir dans ce chapitre. Nous examinerons ce qui fait vibrer les États-Unis d'Amérique et comment Donald Trump en profite pour remporter la course 2020 de la Maison-Blanche.

Régions des États-Unis d'Amérique

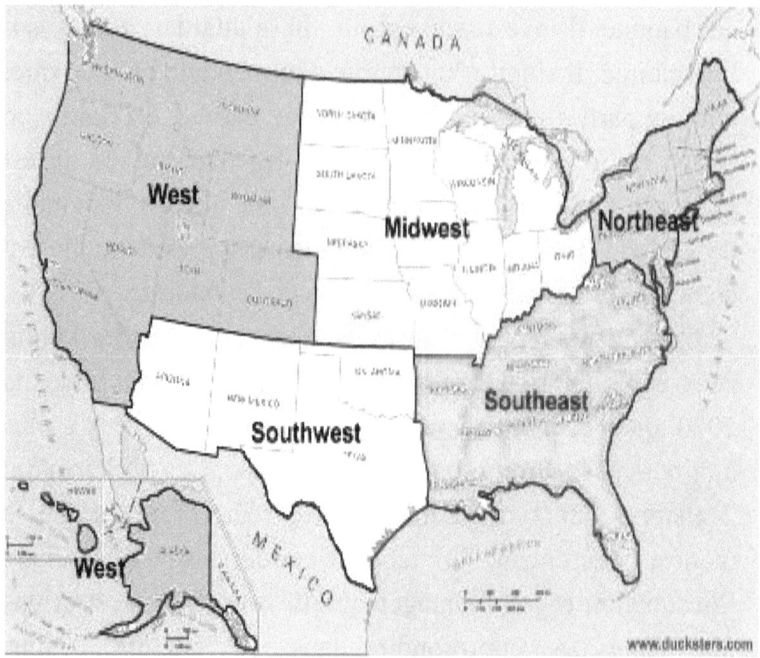

Midwest	Midwest
Northwest	Nord-Ouest
Southeast	Sud-Est
Southwest	Sud-Ouest
West	Ouest

TABLE 2

Has the Party Holding the Presidency Kept It?[a]

Elections with an Incumbent Candidate Running

Yes, Kept the Presidency (N = 21)	No, Lost the Presidency (N = 10)
1792 Washington	1800 J. Adams lost to Jefferson
1804 Jefferson	1828 J.Q. Adams lost to Jackson
1812 Madison	1840 Van Buren lost to W.H. Harrison
1820 Monroe	1888 Cleveland lost to B. Harrison
1832 Jackson	1892 B. Harrison lost to Cleveland
1864 Lincoln	1912 Taft lost to Wilson
1872 Grant	1932 Hoover lost to F.D. Roosevelt
1900 McKinley	1976 Ford lost to Carter
1904 T. Roosevelt	1980 Carter lost to Reagan
1916 Wilson	1992 G.H.W. Bush lost to Clinton
1924 Coolidge	
1936 F.D. Roosevelt	
1940 F. D. Roosevelt	
1944 F.D. Roosevelt	
1948 Truman	
1956 Eisenhower	
1964 L.B. Johnson	
1972 Nixon	
1984 Reagan	
1996 Clinton	
2004 G.W. Bush	

Table 2= **Tableau 2**

Has the Party Holding the Presidency Kept it?	Le Parti occupant la présidence l'a-t-il gardé?
Elections with an Incumbent Candidate Running	Les élections avec un candidat sortant en lice.
Yes, Kept the Presidency *No, Lost the Presidency*	Oui, gardé la présidence Non, perdu la présidence.

Au cours de notre périple manuel pour analyser les facteurs qui détermineraient les résultats de l'élection présidentielle de 2020, nous aurons les fils sans précédent jamais tracés qui sont en train d'être raffinés dans les différentes régions du pays pour faire de la course aux Blancs pour 2020 Maison la plus colorée de son époque.